リフレクティブ・プラクティス入門

玉井健
渡辺敦子
浅岡千利世 著

ひつじ書房

まえがき

　教育やスポーツ・コーチング、さらには臨床看護等、対人的に深い理解を要求される現場で、自らの実践理解のためにリフレクションを用いる動きが広がりを見せています。実践現場に根ざした調査法と言えば、これまではアクション・リサーチが一般的で、問題解決と変化が目指されてきました。ここに到ってリフレクションを用いた実践や研究に関心が注がれ始めたのはどういうことなのでしょう。

　大きく理由は2つあると思われます。1つは日常の実践での直接的な問題解決よりも日々の出来事をどうとらえればよいのか、あるいはどのような現象として説明しうるのかという「とらえ」や「理解」に関心が移ってきたことがあると思います。これは結果(product)の追求から過程(process)へのシフトとも言えるでしょう。もう1つは研究法としての様々な質的研究法の登場です。質的研究法は実験心理学に代表される自然科学的実証主義とは異なる現象へのアプローチをします。自然科学では人間の主観は研究の対象から排除されますが、質的研究法ではそうしたものも人間と環境とのかかわりを示すものとして積極的に取り入れていきます。リフレクションのように個人の経験についての語りがその個人の世界とのかかわりを示すものとして取り上げられるようになった背景にはこうした様々な質的研究の理論的整備が進んだことが挙げられるでしょう。

　ただリフレクションは、その活動としての名前が先に走ってしまい必ずし

も適切な理解をもって広がっているように見えないのも事実です。教師の定めた項目ごとにチェックを行う自己評価であったり、リフレクション度の数値的変換であったり、あるいは「リフレクションをすることにより〜なった」的な因果的フレームでの効果の実証研究等です。リフレクションがむずかしいというのではちっともないのです。リフレクションを行うにはどのように実践に向かい、学習者や患者の生をどのように理解し、実践者としての自身はどのように実践を考えたいのかという点に自覚的であることが求められるということです。そういう意味で、世間で喧伝されるほどリフレクションは簡単ではないのかもしれません。プロダクトではなくプロセスに関わるというのは心と心の狭間での葛藤を記述することなのです。

　本書では、リフレクション実践やそれを用いた研究に関わってきた3人の実践研究者がこれまでの知見をまとめ現在の時点で提示できるものとして世に問うものです。実践研究方法としてのリフレクティブ・プラクティスは、まだこれから発展変貌を遂げていくでしょうが、本書での議論や実践の仕方、研究方法が日々現場で実践に関わる実践研究者の理解の進展にいくらかでも貢献ができればと願います。全体の内容構成は以下のようなものです。

　第1章では、玉井がまず授業研究の歴史を振り返りながら研究としての授業研究とはどのようなものであったのかを検討し、授業研究法としてのリフレクティブ・プラクティスをアクション・リサーチと対比しながら考えます。

　第2章では、リフレクティブ・プラクティス実践の主要な方法としてのリフレクションとはどういうことかについて「経験」をとらえ直しながら議論をしていきます。リフレクションは単に「思う」ことではなく、経験に向かう行為だと考えるならば経験とは何かについてもっと知る必要があるからです。

　第3章では、具体的なリフレクティブ・プラクティスの実践方法について、著者達がそれぞれの得意分野を実践例を交えて解説します。ジャーナル・ライティングと面談におけるリフレクションついて玉井が行い、授業観察によるリフレクションを浅岡が、ディスカッション・グループによるリフレクションを渡辺が担当します。

　第4章はリフレクティブ・プラクティスを研究として行うことについて、実際に渡辺が博士論文のテーマとしてリフレクティブ・プラクティスを研究した経験を紹介します。質的研究アプローチをから事例研究でリフレクティブ・プラクティスを探求し、研究の流れ、研究手法、留意点等について説明します。

　第5章では教える文脈が多少異なる教員養成段階と現職教師に分け、それぞれを対象としたリフレクションについて考えます。まずは、浅岡が中等教育の英語教師を目指して大学などで教職課程を履修している学生のリフレクションについて、次に渡辺が教室における経験や実践を重ねてきた現職教師のリフレクションについて、それぞれ具体的な方法論を示します。

　最後に第6章では、著者3人が自らリフレクティブ・プラクティスとどのように関わってきたかを語ります。実践者、実践研究者、教育者として、リフレクションについて深めてきた自身の学びのプロセスをふり返りますので、これからリフレクティブ・プラクティスに取り組もうとしている読者の皆さんにとって参考になればと考えます。

　リフレクティブ・プラクティスはむずかしいのではありません。デューイが言うように継続性と広がりを持った極めて人間として本質的な営みといってもよい実践法であり研究方法なのです。それは実践することで、その実践者の生き方にも反映されてきます。それゆえにその可能性に対してどこまでもオープンな態度で臨んでほしいのです。語りやエピソードといったこれまで見られなかったデータから解釈的に意味が取り出されるというと一体何だと思われるかもしれませんが、そこから人間科学の新たな道が始まっているかもしれないのです。本書がリフレクティブ・プラクティス理解の一助になれば幸いです。

2019年1月31日

玉井健

渡辺敦子

浅岡千利世

目　次

第1章　リフレクションと授業実践研究

玉井健

1. はじめに

　第1章では実践研究法としてのリフレクティブ・プラクティスが、授業研究という領域でどのように位置づけられるのかを、実践者と研究者という異なる立場から視た「研究」の違い、あるいは伝統的授業研究とアクション・リサーチ、およびリフレクティブ・プラクティスはどのように違うのかという点から明らかにしていきます。

2. 授業研究とは何か

　本書のテーマであるリフレクティブ・プラクティスは、実践者が自身と自身の実践経験を、リフレクション[1]を通して内省し、自身の実践についての理解を深めることでより豊かな実践者へと成長していくための実践研究法です。授業研究は、授業という実践に関わる問題をテーマに研究する1つの実践研究ですから、本書ではリフレクティブ・プラクティスを授業の本質を知るためのアプローチの1つと位置づけて、実践研究としてのリフレクティブ・プラクティスについて理論的な背景と応用法を考えていきます。

　そもそも授業研究とはどういうものと考えたらよいのでしょうか。教師にとっての授業研究は、その目的（なぜ：研究か実践の向上か）、研究主体（誰が：

研究者か実践者か)、研究対象(何を：学習者の学びか自身の実践か)、実践
が展開される場(文脈：教室内外等)によって多種多様な形式を取ります。

　たとえば誰が誰のために授業研究をやるのか。研究という名前が冠されて
はいても、実践者が当事者として自らの実践を考えるためのものもあれば、
研究者が第三者として行うもの、あるいは両者が協働して行うものがありま
す。自身の日々の授業の中で浮かび上がってくる問題について改善法を考え
る研究もあれば、実践を行う当事者ではない研究者が教室での学習者の特定
の行動を調べ得られた知見を学界に発表し共有することを目的として参与観
察をする場合もあるでしょう。このように実践者による実践研究と研究者に
よる学問的研究の間には、目的、認識、方法において大きな違いがあり、そ
こには実に多くの選択肢があるのです。そして、この種々のカテゴリにおけ
る組み合わせによる多様な性格の違いが、「授業研究とは何か」という質問
に一義的な答えを出しにくくしているのです。むしろこの多様性の中にこそ
授業研究の本質があると言えるかもしれません。ここですこし「研究」とい
うものについて考えてみたいと思います。

　学問的研究は、疑問に対して一定のシステマティックな方法で調査検討を
して問題の解明をしていく作業ですが、大きくは基礎的研究と応用的研究に
分けられます。自然界の事象を支える物理学のような原理レベルでの説明や
人間の言語の仕組み等についての理論研究は基礎的研究になります。また応
用的研究は基礎的研究の知見を応用しつつより現実的問題の解明や問題解決
に向かいます。提示された疑問に対してアプローチする方法が研究方法と言
われるものですが、これには現象への向い方に応じて量的研究と質的研究と
いう2つのタイプがあります。

　量的研究では現象を因果的(cause-effect の関係)にとらえますので現象に
関わる要因を特定し、それを変数として要因間の関係で現象を説明しようと
します。研究から文脈的要素は可能な限り排除されて法則を打ち立てること
を目指します。一方、質的研究はより具体的な事例を取り上げてその説明や
問題解決に向かいます。やまだ(2007)は質的研究のフィールドは生きた網
目系(ネットワークシステム)であると表現し、それが社会や文化や歴史的文

脈に位置づけられていて変容することが織り込まれます。要するに質的研究と量的研究は研究と言っても拠って立つ事象のとらえ方(パラダイム)が根本的に異なるのです。

　ここ 10 年余り自然科学的な視点からなされる量的な研究に加えて、様々な質的研究法(グラウンデッド・セオリー・アプローチ、エスノグラフィ、ナラティブ・アプローチ、現象学的アプローチ等)が登場して来ました(フリック, 2011：Merriam, 2009)。これにより、実践者や研究者には多様な方法論への選択肢が増えたわけですが、その結果こうした方法論に対する知識や理論的理解が求められることとなりました。つまり多彩な質的研究方法の登場によって、我々は教育や臨床現場のリアリティにより多様な方法で接近することが可能になったのですが、同時に自分が一体その問題にどのようにアプローチしようとしているのかに自覚的であることが求められ始めたわけです。これは実践研究者にとっては新たな挑戦の始まりとも言えるでしょう。量的研究と質的研究を対比させながらもう少し考えてみましょう。

　例えば、量的研究は事象を要素(変数)間の関係において説明する研究方法と言われます(図 1)。学習に関わる要因を学習者のみに求めて教師を要因から外している場合は、教師と学習者間の関係や環境などは要因から排除されます。

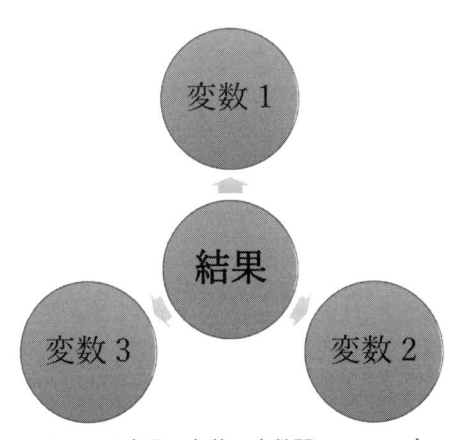

図 1　要素還元主義の変数間のイメージ

　これに対して質的研究方法は、それぞれに研究目的も異なりますし、事象の捉え方も同一ではありません。たとえば、研究者が外部者として教師と学習者を観察する場合と教師が自らを観察者として学習者を見る場合、さらには教師が学習者の視点から自らのティーチングを理解しようとする場合とでは、同じ事象に関してもその記述は全く異なったものになります。よって、その方法選択において実践研究者は、誰のための研究なのか、授業という活動をどのように捉えるのか（原因・結果と因果的に考えるか生活世界における営みと取るか）と、そもそも学習とは何か、というような実践における根本的な側面に自覚的であることが求められるのです。

　本書では上述の質的研究方法を網羅的に解説することを目的とはしていません。むしろ最初から研究方法論ありきではなく、実践者にとっての授業研究とは何か、実践についての捉え方（認識論的理解）を深めつつ、どういう方法が可能で、どう行うのか、それはどうしてなのかについて議論を進めていきたいと思います。その上で授業研究におけるリフレクティブ・プラクティスの意義と理論について考察します。

　まず、誰がどのような目的で授業研究を行うのか、授業研究とは何かについて概観し、実践家中心の授業研究と研究者中心の授業研究の特徴と違いを整理しつつ、本書のテーマである授業研究におけるリフレクティブ・プラクティスの意味と方法をアクション・リサーチとの関係で探っていきましょう。

3. 実践者による授業研究

　日本において現場の教師が行う「授業研究」は、教師の授業実践力向上を目的に、学校現場（特に小学校）を中心に行われてきました。稲垣、佐藤（1996：151-152）は、明治16年に刊行された『改正教授術』の「批評の諸点」の項目に、他の教師の授業を観察して批評する時の注目すべき点として題目、方法、教師、生徒が示され、講習や研究会を中心とした授業研究が明治10年代後半から20年代初めにかけて盛んになったとしています。また、

1888 年(明治 21 年)刊行の多田房之輔『教授指南』には、教員仲間で互いに方法や生徒との関係について細かく観察し、批評を加え、研究練磨することが必要であること、また学校間で協力して批評会を開くことの意義を説いた記述があり(稲垣, 1990：pp.62-63)、教育現場における教師を中心とした授業研究はすでに明治時代から行われていたことが窺えます。

　このように、近代の日本の教育界で発達してきた授業研究とは、現場の教師がその授業実践の力を向上させるために、授業公開や教材研究を行いつつ学校現場で他の教師達と協働的に行われる研修であるという理解は、明治時代初めにはその基礎が示され、国定教科書等の規範主義的制約の中にありながらも附属小学校を中心にした研究授業を通して早くから一般的なもの[2] として受け入れられてきたことが窺えます。こうした授業研究の伝統は戦後も引き継がれ、学校組織を中心に様々な授業研究組織を生むに至っているのはご承知の通りです。

　この間、授業研究は明治から戦後を通じて様々な教育理念に出会いながら育まれてきました。近代日本の教育理念は、明治期に導入されたヘルバルト主義に代表される科学的教授理論が基礎となり、管理、教授、訓練といった教育の原理的役割が規定され、教師の役割もそこから考えられました。教師の役割は構造的にとらえられていたわけです。その反動というわけではありませんが、戦後はアメリカ民主主義の浸透とジョン・デューイの進歩主義教育思想が広まったことにより、人間の自発性を尊重する学習者中心主義教育観が新たに入ってきました。これにより、知識の教授を行い訓練し管理する教師の役割が大きく問い直されることとなりました。いかに学習者の個々の経験を考え、環境を整え、自発的な学習を支援しうるかが問われるようになったわけです。

　しかし、それまでの授業研究の枠組み自体は、教育理念の変化に柔軟に対応しつつ、現場で重要な研修機会として生き残ってきたのです。日本における現場に根づいた実践者主導の授業研究は、意外にも日本独自の教育文化の中で育まれたものと言えます。それぞれの分野において高度なレベルで実践を行うリーダーあるいはモデルと目される教師が核となり、様々な授業研究

活動を通じて授業実践力そのものが1つの技術として伝播することが授業研究の大きな目的ともなっていきました。国語教育における大村はまや島小学校の実践で知られる斉藤喜博のように独自の指導理論をもって実践を行うリーダー的存在が実践や著作を通じてそうした動きを牽引していったわけです。英語教育ではハロルド・パーマーの教育思想を引き継いだ語学研究所が顕著な英語教育実践を顕彰することで、核となるモデル的実践家が育っていったのはご存知の通りです。

　最近、この伝統的授業研究は、Jyugyo Kenkyu あるいは lesson study と位置づけられて、現場の実践者を中心としたコミュニティを基盤とした協働的な研究法として海外でも注目をされ始めており、教育分野での国際協力の一環としての取り組みも報告されています[3]。特に日本の小学校を中心とした授業研究は、指導案に基づく研究授業を教師仲間で観察して議論しあうという文化が根づいており、その公開性、コミュニティでの問題の共有と解決に向けての協働性、教師の主体性、教師の成長を長期的な過程の中で捉える持続可能性、研修形態の弾力性等がその特徴として紹介されています（Doig and Groves, 2011）。授業研究(lesson study)は、特定の理念に則ったものでないがゆえに多様な教育理念や地域性のもとで応用可能であり、ある意味で、授業研究の1つの枠組み、実践法として文化を超えて堅牢なモデルでもあると言えるかもしれません。

　ただ、教育政策の領域で世界的に注目を浴びる授業研究が、「研究」という文脈で必ずしも同様の注目を集めていると言えないのは、理由があります。教室での現象をどのようなものとして捉え、どのような理論的枠組みをもって立ち向かい、どのように考える根拠となるデータを集めて分析するかといった研究の拠って立つ枠組の説明が必ずしも明示されないことです。特に、教室という授業実践の場に起こる事象をどのように捉えようとするのかという問いは哲学では認識論と呼ばれ、研究者が研究をスタートする際のまず自らの位置取りを宣言する基礎的な問いと言えます。科学的研究の世界では、現象をどのように捉えるかによって、研究方法や収集するデータの形式、分析方法も決まっていきます。欧米的科学の形式に則って研究を行おう

とする場合には、実践研究者であってもそうした認識論的理解は必要であると言えるでしょう。そうした理念的基盤の欠如が、従来の授業研究が学問的研究方法として受け入れられてこなかった理由の 1 つと考えられます。

　一方で日本的授業研究が、実践の場で自然発生的に生まれ、実践者のコミュニティの中で問題に対応する必要性の中で手作り的に発展してきたことを考えると、授業を科学的調査の対象として考える研究者の視点に基づく認識論的理解が論じられないのは、ある意味で自然なことと言えるでしょう。また、日本的授業研究で上記の学問的枠組みに則った説明がないかと言えば、必ずしもそうとは思われません。

　例えば教師は研究授業をする際に指導案を書きます。指導案には場所、クラス、授業者、教材観、生徒観、学習目標、学習指導計画、当該授業の指導過程、評価のポイント等が書かれ、研究授業当日、参加者に渡されます。授業研究の参加者は、そういった項目と実際の授業を比較することで思索し、一定の知見を得ることができます。授業研究会参加者は、指導案に示されたプランと授業者の実際の授業を比較することで、プランされたことがどのように実践されたのかが検討できるのです。参加者が見るのは授業者の実践パフォーマンスであり、そのパフォーマンスに導かれる児童・生徒の反応で、指導案に示された項目こそはそうした授業の展開を観点別に見、分析・評価するための視点として機能していると言えるでしょう。

　しかし、指導案の項目は例えば次のような質問にはどのように答えているでしょうか。教師は「学び」をどのようなものと捉えているか、「教室」とはどのような場と考えているか、教室における教師の役割とは何か、教師と生徒、生徒間の「関係」等についての考え方、自分の自覚する教師として問題点や悩みなどです。授業研究は現場の様々な制約の中で行われますので、ことさら授業を作るために教師が持つ基本的な判断基準であるティーチャー・ビリーフ（teacher belief）という教育観の部分は語られませんが、この基本的な枠組みの部分こそが教師認知（teacher cognition[4]、（Borg, 2003））を形成している部分であって、同じ実践を見ても実践者と参加者、或いは参加者同士でも授業に対するフィードバックは異なったものになるでしょう。

　「学びは知識伝授的なもの」と考えている参加者は知識伝授の技術に注目するでしょうし、「一定のルールの学習後はそれをどのように応用するかが学び」と考える参加者は教材や用意されたタスクに焦点を合わせるでしょう。「授業の成否はどのように学習者を学びへと動機づけることができるかによって決まる」と考えている参加者は、動機づけに関わる要因と学びの成果との関係を見ようとするでしょう。「授業は教師と生徒あるいは生徒間の相互作用的なもの」と考えている参加者は、学習者間の協働的な学び、あるいは教師がそれをどう把握するかに注視しているかもしれません。

　日常的に行われる現場での授業研究では、参加者間のこうした現象の捉え方の違いは、余程しっかりとテーマや観点を絞らない限り問題とはなりにくいのです。焦点となるのは、問題解決への可能性であり、議論の内容が授業者あるいは参加者に受け入れられるかどうか、明日からの改善に向けてこれをやってみようという気にさせられるものかどうかということに収斂していくのです。日本的授業研究は、観察する参加者の立場や文脈に関係なく、思ったこと感じたことを議論する中で問題解決・授業改善を志向する極めてプラグマティックな検討の場ということが言えるかもしれません。

4.　研究者による授業研究と認識論的基盤

　ではここで、〈研究者[5]〉の眼からの授業研究を考えてみることにします。研究者が研究デザインをする際には、教室で起こる有象無象の現象をどのようなものとして見るかは研究をスタートさせるための理論的基盤となりますし、それによって現象へのアプローチ方法も決まってきます。また研究成果をどのように使うかについても公刊ということが目的となってきます。高橋(2011：1)は、人間科学領域で用いうる様々な研究法を解説した著書の冒頭において、研究について次のように説明しています。

　　…研究とは、1つの問題意識のもとに、明確に設定された1つの課題を解決するために、計画的・系統的に情報を収集し、それを適切な認識的

枠組み（理論あるいは仮説）のもとに分析解釈し、さらにその成果を第三者がアクセスできるような形にまとめて社会に公表するという一連の知的活動のことを指す。（p.1）

　この説明からは、研究者にとっての研究とは、問題意識に支えられた課題、系統的データ収集、理論に基づく分析、公刊からなる 1 つの連なりを持つ知的探究活動であるという姿が浮かび上がります。人間科学は広く人間に関わる事象を対象とする分野で、教育学、心理学、福祉学、看護学などを含みますから、本書で取り扱う授業研究も、広く人間科学における実践研究法と位置づけて考えられます。

　また、上述の枠組みにあるものが研究とするならば、現場を活躍の場とする実践者が行おうが、学界を活動の場とする研究者が行おうが、そこに区別は起こらないはずです。ということで、授業研究におけるリフレクティブ・プラクティスの位置づけを考える前段として、まず人間科学における研究とは何か、どのようなアプローチが可能なのかという問題について、2 つの代表的な研究方法を取り上げながら考えてみたいと思います。

　人間科学領域において研究者が行うリサーチには、大きく量的研究と呼ばれるものと質的研究と呼ばれるものがあります。これは最初からそのように分かれているというのではなく、前述したように研究対象とする現象をどのように捉え、どのように分析するかによる選択の結果として決定されるものです。この選択のプロセスにおいて本質的な重要性を持つのが認識論です。渡辺（2014：7）は認識論についてウィリッグ（2003）の『心理学の質的研究法入門』における説明を引用しています。

　　認識論（epistemology）は、知識の理論に関する哲学の一部門である。そして「人はどのようにして物事を知るのか、そして人は何を知ることができるのか？」という問いに応えを出そうとする学問である。（p.3）

ちょっと哲学的で謎掛けのようですね。そうです、認識論は人が世界をど

のように知るのかを論ずる学問で、哲学にその基礎を置いています。それ
は、研究対象とする事象を研究者がどのようなものとして見るかについての
考え方で、それによって対象にどのように迫り説明を施すかも決まってきま
す。量的な研究方法は認識論的には経験論的実証主義をその根底に持ってお
り、現象の内に見出される要因を取り出し、その要因間の関係において事象
を説明しようとするものでその説明は一般化しうるものとされています。

　同様に質的研究法にはそれぞれの研究的視点を支える認識論があります。
渡辺(2014：6)は、認識論を確認するための次の3つの問いを用意していま
す。

　1)〈…〉はどのような知識を生み出そうとしているのか？
　2)〈…〉は世界についてどのように仮定するのか？
　3)〈…〉は研究プロセスの中での研究者の役割をどのように概念化す
　　　るのか？

　この一連の質問は、言わば知の枠組みと言ってもよいもので、研究者が研
究対象とする事象に対してどのように向き合おうとしているのかについて自
覚的であることを促す意味合いが見て取れます。

表1　授業研究の2つの様式

	授業の数量的研究	授業の質的研究
目　的	プログラム開発と評価 文脈を超えた普遍的認識	教育的経験の実践的認識 文脈に繊細な個別的認識
対　象	多数の授業のサンプル	特定の1つの授業
基　礎	教授学、心理学、行動科学 実証主義の哲学	人文社会科学と実践的認識論 ポスト実証主義の哲学
方　法	数量的研究、一般化 標本抽出法、法則定立学	質的研究、特異化 事例研究法、個性記述学
特　徴	教育効果の因果関係の説明	経験と意味と関係(因縁)の開示
結　果	授業技術と教材の開発	反省的思考と実践的見通しの形成
表　現	命題(パラダイム)的認識	物語(ナラティブ)的認識

　他の例を見てみましょう。教育分野において方法論的研究を行っている佐藤（2010：140）は、授業研究が行動科学を基礎とする数量的研究から授業過程における出来事の意味と関係を解釈する質的な研究へと発展してきていると述べ、両者の特徴を 7 つの観点から表 1 のようにまとめています。

　表 1 を参考に、量的・質的 2 つの研究方法を対比させつつ考えてみたいと思いますが、注意しなければならないのは、最初から量的研究と質的研究があったのではなく、それは認識論的な差異が生んだ大きな方法論的カテゴリーであるということです。

　目的欄に「文脈」という言葉が見えます。これは、観察する事象あるいは経験の起こる場、環境、状況を表します。そこには過去にさかのぼる時間的つながりも含まれます。量的研究ではこの文脈の結果への影響をできる限り回避したいと思います。それは何度やっても同じ結果が得られるという結果の信頼性の担保という点から見ると、文脈は事例を特殊なものにする悪しき要因だからです。結果から導かれた法則は文脈を超えて真でなければならないわけです。また、認識という言葉から見られるように両者は異なった認識論に立っていると言えます。

　対象については量的研究では多数のサンプルを必要とするのに対して質的研究では特定の 1 つの授業を観察するとなっています。量的研究ではできるだけ多数のサンプルを取ることによってより母集団の特性を反映したデータが得られ、それによってより信頼性の高い結果が得られると考えます。一方でケース・スタディのように 1 つの事例を研究するのは、その個的な特性の中に学びうる普遍的な知見を得ようとします。ジオルジ（2013）は、ウィリアム・ジェームズの次のような言葉を引用しています。「1 つの事物について私たちがもっとも多くのことを学び知るのは、その事実をいわば顕微鏡にかけて観察する場合、つまり、その物の形をもっとも拡大して観察する場合である」(p.37)。「個」の事例の中に徹底した観察を施して記述されたナラティブを通して取り出された意味に本質を読み取るという姿勢と言えるでしょう。

　基礎の部分については、実証主義とポスト実証主義の哲学という対比が見

られます。佐藤は、この点について、前者が教育技術の一般化を追求する法則定立型の研究、後者を1つの教室を集約的に観察・記述して授業の中の出来事の意味を解明する個性記述型の研究と説明しています。前者が普遍性を持つ法則を追求するのに対して、後者はこの授業の中で一体何が起こっているのかを詳細な記述から解き明かしていくのです。

特徴については、前者が因果関係、つまり結果に対する要因の関係を検証していくのに対して、後者は経験の「意味」を解明していくことに主眼を置きます。そこで起こっていることはどういうことだったのか、というような現象の説明です。

結果は、前者については、個々の教師の技量や人間性の違いなどは問題にされることなく、一般化された法則は普遍性を持つものとして新たな授業へ応用していくことになります。この時場所や時、状況といった文脈の違いは考慮されません。後者は、クラス全体の中での個々の生徒や、教師と個々の生徒との関係の中で起こった出来事について多面的な解釈が行われて、様々な意味が引き出されます。この新たに紡がれた意味を持って実践者は次の実践に向かうことになります。

表現については、前者がその結論は命題的に一般性を持つものと理解されるのに対して、後者は特定のケースで起こったことについての精緻な叙述的説明であり、それはナラティブ(narrative)あるいは物語り(story)として表現されます。適切に行われた研究によって経験が記述され、その意味が解釈され叙述されるわけです。

以上、量的研究と質的研究を佐藤の掲げる7つの視点で検討してみましたが、研究の始まりから終わりまでいずれのプロセスを取っても、随分な異なりがあることが分かると思います。

現象学的心理学の分野を拓いたジオルジ(2013)は、心理学者エドワード・ティチェナー(1867-1927)の質的研究についての手引書における量的・質的研究の区別について言及しています。

　「…(質的実験の目的は)…叙述することであり、量的実験の目的は測定

することである。…意識が問われる問いは、「何か？(What?)」あるい
は「如何にか？(How?)」という問いである。（量的な実験においては）
意識が問われる問いは、…「存在するか否か(Present or absent?)、「同
じか違うか？(Same or different?)」(1901a：v)

　ティチェナーの説明から見えるのは、同じ研究とはいえ、立てた仮説につ
いてイエス/ノーで検証することを主な目的とする量的研究と、起こってい
る現象について、何が起こっているのか、どのように起こっているのかを記
述をもとに、より適切な説明を試みる質的研究の現象に対するアプローチ法
の違いです。
　ジオルジはさらに自身の現象学的心理学のアプローチ法について次のよう
に言います。

　　哲学としての現象学は、何事であれ、人が持つ意識を通して「所与」と
　　して経験されうるあらゆる物事―それが対象であれ、人間であれ、ある
　　いは複雑な事象であれ、―を、その経験をしつつある意識的人間の視点
　　から理解することを求める。したがって、現象学は、経験者を排除する
　　ような「所与」の客観主義的な分析には関心がないが、「所与」が経験
　　者にとってどのように経験されているかの正確な分析に関心がある。
　　(ジオルジ, 2013：4-5)

　現象学的心理学は質的研究方法の 1 つですが、量的研究では当然のよう
に排除されていた、経験される個人の主観的意識の記述と分析への関心を謳
います。このように量と質というデータ形式の違いは、単なる扱うデータの
形態の違いではなく、現象にどのようにアプローチするか、何を視野に入れ
何を入れないのか、客観性をどう考えるのか、個人の経験や主観はどう扱う
のか、普遍性とは、といった認識論に端を発する研究としての有り方の違い
を反映したものと考えた方がよいでしょう。
　以上、大きく人間科学領域における量的研究と質的研究を比較しつつ、そ

の認識論的違いを考えて来ました。授業という教室でのリアリティに研究者として立ち向かう時、認識論的理解の重要性が明確になってきたと思います。

　ではここで改めて授業研究に立ち返って、その考え方を考えてみましょう。我々は授業研究において、どのような認識論的見方で授業を見るかということです。

　授業研究者が、「授業は実験室ではなく教室という生活空間で行われ、そこに集う生徒達そして教育に関わる教師は、日々相互の関わり合いの中で学びという営みを共有している」、そういう認識に立つ時、文脈という学びの生活空間を抜きにして、あるいは個々の学習者の個性や教師の個性、さらにその交わりを考えずにそこで起こる事象の意味を考えることはむずかしくなってきます。

　また、例えば①「学びは教授という刺激の結果として生じるもの」、②「学びは学習者と教師との相互作用的に行われるもの」、③「学びは学習者を取り巻く共同体の中で、媒介的に行われるもの」という異なる学びについての認識論があるならば、それは研究法の選択に本質的な違いを生むでしょう。①は指導を変数として学びという結果を説明しようとしますから、指導以外の要因は無関係なものとして視野から排除し、学びと指導との関係のみを認識の対象として置きます。②は、教師と学習者間の相互作用に関わる記述データをもとに、そこに何が起こったか、どのように起こったかをあらゆるものを視野に入れて観察し記述するでしょう。③は社会文化的アプローチの考え方に則った考え方で、学びが共同体の中でどのような媒介を経て実現されているか、媒介プロセスの解明を目指すかもしれません。

　あるいは、学習者や教師 1 人 1 人の個性は個々の生きてきた人生という歴史の上にあることを考えるならば、授業研究は必然的に時間や空間を視野に入れた全体的な文脈から切り離して考えることはできなくなります。そうした文脈の中で学びをとらえる時、個々の事象についての一般法則化は意味を持たなくなり、むしろ起こっている事象を観察し、克明に記述し、そこから生まれた意味を解釈することで経験の本質を捉えることを目ざします。こ

の時、質的研究法が有力な研究の方法論的手段になることは自然の選択でしょう。授業研究においても、量的・質的研究いずれを選ぶにせよ、どのように教室内外での現象に立ち向かうかという認識論レベルの理解が研究方法の選択に本質的な意味を持つということが分かるのです。

　ではここで、実践家あるいは研究者が実践家と協働して行う実践研究にはどんなものがあり、それは実践というリアリティにどのようにアプローチしているのかを検討してみたいと思います。まず取り上げるのは、実践研究ではもっとも一般的に使われるアクション・リサーチです。

5. アクション・リサーチ：その背景と特徴

　実践者が現場での問題は何か探り事態の改善を図りたい、あるいは認識された問題に研究者が実践者と協力して問題解決の方途を探る。現実的な問題解決に繋がり、尚且つ学術的研究としての信頼性を保つ研究方法はないか。この点を追求した画期的な研究方法が 1940 年代のアメリカで生まれました。アクション・リサーチです。Kemmis and McTaggart はアクション・リサーチについて次のような定義を提示しています(1988：5)。

> Action research is a form of collective self-reflective enquiry undertaken by participants in social situations in order to improve the rationality and justice of their own social or educational practices, as well as their understanding of these practices and the situations in which these practices are carried out.
>
> （アクション・リサーチは社会的あるいは教育的実践において、実践やそれが行われる状況を理解し、より正しく合理的な方途を探るために、実践に関わる参加者たちが行う集団的自己内省によって行う研究調査法（著者訳））

　アクション・リサーチは、アメリカの社会心理学者であるレヴィン(Kurt

Lewin)によって提唱されました[6]。レヴィンは自然科学分野においてなされるように、実験室で統制された条件下で得られる数値データのみをもとに、個人の行動の検証を行う方法では、社会集団内において相互作用的に変化していく人間関係や個人の行動をとらえられないと考えました。そこで提案したのが、生活空間という「場」において人と人、人と環境とのダイナミックな相互作用を包括的に捉える研究方法としての枠組みです。アクション・リサーチでは、研究は段階的かつ継続的に計画され、基本的手順として「計画(planning)— 実行(action)— 結果の評価(evaluation of the result of the action)[7]」が 1 サイクルとして螺旋状に進展するリサーチモデルとして提示されています。

　レヴィンは、人間行動の社会心理学的説明の中に、人間に関わる要因だけでなく、環境や集団の構成員間の力関係といったような概念を取り入れて社会心理学における新たな知見を展開しました。例えば、産業社会でリーダーシップが発揮される過程におけるグループ・ダイナミクスの重要性に注目し、研究分析過程に研究者だけでなく参加者を積極的に招き入れ、相互のフィードバックの中で新たな解決方法が模索されるとしました。Kolb (1984：9-10)は、レヴィンが科学的かつ民主主義的なプロセスによる社会問題解決法の構築を目指した点を評価しています。レヴィンの貢献はそのプロセスにおいて、学術研究としての科学性を担保しつつ、実際の問題解決も志向する研究者と研究参加者協働の実践研究法を考えたことにあると言えるでしょう。

　こうした意味でアクション・リサーチは、組織や集団における問題解決のために、実践者と研究者が対話を通じて協働的に行う研究方法と言えます。心理学的実証研究と異なる点は、課題がフィールドに根ざしていて、現実の問題解決、事態の改善を目的とした研究法であるということです。

　アクション・リサーチはその後一旦下火になりますが、1980 年代に入ってまた再評価されるようになり、教育分野を中心に急速な広がりを見せるようになってきました。日本においても 90 年代に入って教育、医療、産業など様々な分野で応用されています。この応用的発展プロセスの中でアクショ

ン・リサーチはより質的研究としてその裾野を広げていきました。

　現象をいくつかの要素に還元し、操作的に実験を行い、結果を限られた要素間の関係で説明しようとする実証主義的な研究方法と比べると、アクション・リサーチは明らかに異なる特徴を持っています[8]。そして本書では、リフレクティブ・プラクティスもアクション・リサーチから派生した実践研究法と位置づけていますので、ここで質的研究法としてのアクション・リサーチの特徴を概略的に取り出しておきたいと思います。

　第一に、問題解決、事態改善志向型、臨床的な研究であること。つまり抽象化した一般法則性を取り出すことを究極の目的とするのではなく、フィールドや文脈に密接に根ざし、そこに研究課題が求められていることに特徴があります。

　第二に、リフレクション（内省）の使用。Kemmis and McTaggart（1988）は組織としての実践の課題を分析する方法として collective self-reflective enquiry（協働的内省）が行われることを挙げています。参加者それぞれがリフレクションによって経験（processes, problems, issues and constraints）をふり返り内省するわけです（図 2）。これは 1 人称、つまり内省を通した主観的な語りが問題把握のための主要な分析材料として使われることを示します。自然科学的実証主義のパラダイムでは客観性の確保が第一条件ですから、参加者が自身をふり返るというようなことは方法論としては、考えられないことです。

　第三は、参加者は皆平等な社会的存在だという捉え方です。参加者は研究者、実践者を問わずコミュニティの中に位置

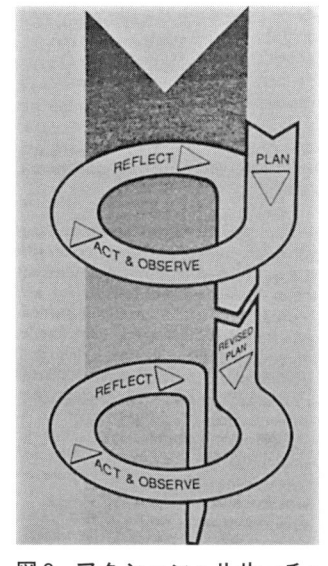

図 2　アクション・リサーチ・スパイラル
(Kemmis and McTaggart 1988 : 11)

づけられます。レヴィンの実践では、共同体内において研究者、労働者の隔てなく平等な構成員として研究の議論に参加しています。民主主義的原理が研究方法に生かされていますし、それ故に共同体の持つ文化にも注意が向けられます。研究者が研究の対象となる参加者や被験者と一線を画し交わりを持たない実証主義的研究と異なる点です。こうした研究原理はフレイレ（1979）などの批判理論と結びついて、社会変革を志向する批判的研究方法を導き出しています。

　第四は、研究目的が参加者の置かれる現状の変化にあることです。Kemmis and McTaggart は、アクション・リサーチの１つの特徴として改善への責任（commitment to improvement）を挙げています。実証主義的研究で期待されているのは一般化された法則を結論として提出することでしたが、アクション・リサーチでは参加者の実践の変化や直面する社会状況の改善が結果として期待されます。そういう意味でアクション・リサーチは結果志向的であると言えます。これは物事の真理性は、結果によって明らかにされるとするアメリカのプラグマティズムの影響を受けていると考えられますし、それは問題状況がどのように改善されているかで評価が可能となるのです。

　第五は、実践経験へのシステマティックなアプローチです。研究は［Plan - Act - Observe - Reflect］の順に行われますが、それは自身の経験から意味を取り出して共有することから学ぶ経験学習サイクル（experiential learning cycle）と基本的に同じであり、このサイクルは円環的に継続されます。また、この plan-act の部分の選択は研究目的に適う範囲で制約はないわけですから、実践的課題解決に適したもの、学問的研究課題を追求する上でより高い妥当性を持つもの等を選択することは可能です。

　第六は、個々の参加者の経験が研究分析の対象と考えている点です。レヴィンは T グループの発見の過程で参加者に組織での経験を内省させます。そこでは感情も含めて個人の関わった経験から多様な意味が引き出され、ここからグループ・ダイナミクスによる豊かな意味の発見につながったわけです。労働力と仕事の標準化、作業工程とノルマの中で生産性のみを目標として考えてきた管理制度にはなかった個人の経験が資源として研究の中に取り

入れられたわけです。その方法が内省であり、経験はその対象と言えます。内省は経験に向けられてその意味を引き出す行為と位置づけられます。

　第七は、研究方法論で、現象は要素に分解して、要素間の関係で因果論的に説明するのではなく、現象の意味を解釈的に分析されます。その解釈は常に変更にオープンであり、それ故に循環的に進行を続けます。

　以上、アクション・リサーチの特徴を概観しました。表1に戻って考えてみると、改めてアクション・リサーチがどのように質的研究法であることが見て取れるのではないでしょうか。また、研究のための研究ではなく、産業組織の構成員であったり教育に関わっていたり、実践家たちであったり、自分たちの実践プロセスを観察し協働的に検討することで、日々の実践をよりよいものに改善していくことを目的としたものと言えます。実証主義的研究が、客観性、法則性、再現性を担保し、現象に実証的データを持ってアプローチし、因果的に検証しようとするのに対して、アクション・リサーチは研究法としての元々の存在意義が異なっていると言わねばなりません。そもそもの研究の出発点が、現象についての仮説の検証や因果的説明ではなく、現場という社会での問題解決なのですから。

6. リフレクティブ・プラクティス
―実践に根ざした研究法としての成り立ち

　リフレクティブ・プラクティスは、実践についての理解を深めるための研究法として、現在、教育、看護学、臨床医学、スポーツ、社会福祉あるいは演劇などの分野でも行われるようになっています。本書ではリフレクティブ・プラクティスを次のように定義します。

　　経験を協働的にふり返ることで新たな意味解釈を引き出し、自身と自身の実践について理解を深めることによって問題の解決や成長を志向するための実践研究法

　同様な実践研究方法としてはアクション・リサーチがありますが、リフレ

クティブ・プラクティスは、前節で述べたようなアクション・リサーチの7つの特徴を持つ実践研究法であり、アクション・リサーチの一形態であると考えられます。ではリフレクティブ・プラクティスが実践研究法としての枠組みがアクション・リサーチと同様であるとするならばその違いはどこにあるのか、ということになります。この点について、まず研究方法としての成り立ちについて見てみましょう。

　先ほど述べたように、アクション・リサーチは、歴史的には組織や集団における問題解決の研究方法として1940年代に社会心理学者であるクルト・レヴィンが提唱し、「アクション・リサーチ」と名付けられました。社会心理学における知見が産業社会の生産現場や教育に応用されたのです。レヴィンはアクション・リサーチを提唱する上で学術研究としての厳密さを維持しようとしましたから、実践研究のための方法だけでなく、学問的な研究方法としても理念やプロセスを明確にしたために、実践者から研究者まで幅広い支持を受けるようになりました。結果は生産現場といった1つの社会組織における「変化」として論文となり公刊されました。そこで結果は、例えば「生産性」という観点から評価され、向上は数値として表わすことが可能なために、実証主義的社会心理学における学問的な要求に応えていたわけです。レヴィンのグループ・ダイナミクスはそのような応用社会心理学の成果と言えるでしょう。そのように学問的成果を次々ともたらしてきた経緯から考えると、アクション・リサーチは、当初から実証科学研究の原理に則り、さらには文脈の影響や個人間の影響等も新たに取り入れつつ、研究者の使えるアカデミックな研究方法として登場したと言えるでしょう。

　さらにまた、レヴィンのアクション・リサーチは実践現場での問題が研究の対象であり、その内側には集団内でのグループリフレクションや、研究者と参加者との隔てのない民主主義的原理という人間主義的な側面が本質的なものとしてあったわけです。これらは心理学領域の厳密な研究としての実証的側面とは必ずしも相容れない側面であり、研究方法として広まるにつれて心理学的方法論的パラダイムとの違いは大きくなっていったと言えるでしょう。

　一方、リフレクティブ・プラクティスの研究方法としての起源はアクション・リサーチほど明確ではありません。その成り立ちについて、まずリフレクションという概念が研究の方法として取り上げられたところへ立ち返ってみたいと思います。

　1910 年にアメリカの教育哲学者であるジョン・デューイは "How We Think" を表しました。これはリフレクションが教師の成長、あるいは学習者の学びにおいて方法論的に本質的かつ有効な手段であることを述べた最初の文献と言えるでしょう。デューイのリフレクションについての説明は次のようなものです（Dewey, 1910 : 6）。

　Active, persistent, and careful consideration of any belief or supposed form of knowledge in the light of the grounds that support it, and the further conclusions to which it tends, constitutes reflective thought.
（あらゆる考え方や想像される知識について、それをサポートする根拠に照らして、あるいはそうした考え方や知識が導くさらなる結論について、積極的に一貫性をもって注意深く検討することを内省的思考という（筆者訳））

　ここに見られるのはリフレクションとは、自身のものの見方や知識についてそれが適切なものと自身が考える根拠に照らして、本当にそうと言えるのかをあらゆる可能的思考を視野に入れつつ吟味・検討を繰り返していくような思考法という考えです。

　また内省的思考の本質的な要素としてデューイは次の 2 つを挙げています（p.9）。

　"(a) a state of perplexity, hesitation and doubt; and (b) an act of search or investigation directed toward bringing to light further facts which serve to corroborate or to nullify the suggested belief."
（当惑や躊躇や疑いの状態と、導かれる考えを確実なものにしたりある

いは無意味にしてしまうようなさらなる事実に光を当てるべく行う探索
あるいは調査(筆者訳))

　興味深いのは、デューイがリフレクションの本質的要素として挙げている
のは、「戸惑い、躊躇、疑っている状態」であり、「今の考えを確認もしくは
無効なものと判断するためにさらに調べようとすること」であるということ
です。(a)の戸惑いや疑問というのは人間を解決に導くために必要な推進力
であるというふうに考えられていて、(b)は、よりよい考えを導くための弛
みない思考の過程ととらえられます。デカルトの方法的懐疑を思い起こさせ
ますが、むしろ問うことの教育的意味と科学の根底にある探究心に導かれて
いるように考えます。
　またリフレクションのプロセスとしてデューイは5つの段階を示してい
ます。
　(i)は経験の中での戸惑い、(ii)は問題の措定、(iii)は可能的解決方法の提
示、(iv)は、新たな解決方法の妥当性の検討、(v)は実際に試してみてうま
くいくか行かないかを確かめるというものです。ここではリフレクションを
自身の疑問や戸惑いの解決にどのように行うべきかの手順が示されていま
す。デューイはここで、リフレクションの理念的説明と方法論についての説
明をしていると言えます。

```
(i)    A felt difficulty

(ii)   Its location and definition

(iii)  Suggestion of possible solution

(iv)   Development by reasoning of the bearings of the uggestion

(v)    Further observation and experiment leading to its acceptance
       or rejection; that is, the conclusion of belief or disbelief
```

図3　Five distinct steps in reflection (Dewey, 1910：72)

　また1938年のExperience and educationにおいてはリフレクションと経験の結びつきについて突っ込んだ議論を行っており、経験学習における経験の理論的位置づけを行っています。

　以上のような点、さらにはレヴィン(Lewin)、ショーン(Schön)、コルブ(Kolb)といったアクション・リサーチやリフレクティブ・プラクティスの理論家が、その理論の根源をデューイに求めていることからも、デューイがリフレクションの理念的基礎を作り、その方法論にも言及したと言ってよいでしょう。

　この後、リフレクションはアクション・リサーチの枠組みの中で使われていきますが、実証主義の波に押されて一時衰退します。その後60年代になると、イギリスにおけるカリキュラム開発を評価する方法としてのアクション・リサーチの展開(秋田, 2005：169)などとともに、1970年から80年代にかけてリフレクティブ・プラクティスは新たな展開を見せ始めます。

　1983年にドナルド・ショーンが著したThe Reflective Practitionerにおいて、リフレクションを用いた実践分析は、Reflective Practiceという1つの実践方法として紹介されました。そこで彼は、組織における職業的実践の場において築き上げられる「実践知」とは何か、科学的要素還元主義的原理の上での知とどう違い、それはどのようなもので、どのように向き合うのかを問い、二種類の反省法(Reflection-on-actionとReflection-in-action)を提示して、リフレクティブ・プラクティスの問題解決法としての意義を世に問うたのです。

　ほぼ同時期にディビッド・コルブはExperiential Learningを著し、レヴィンのモデル、デューイの学習理論、ピアジェの4つの思考発達段階説に言及しつつ、経験を資源とする学習の意義について論じました。Kohonen(2001：29)は、コルブのモデルに言及しつつ、リフレクションは経験と理論的概念化を結びつける橋のような役割を果たすとして、経験学習においてリフレクションが学びの重要な方法論となることを述べています。経験学習は過去の経験/出来事を振り返りつつ、記述し語り、そこから意味を引き出すというプロセスを経ますが、これはまたカール・ロジャーズを中心に60年代に起

こっていた人間主義心理学の実践の広まりと呼応するところがあります。

　また、看護の領域において、特にアイルランドでは大学での看護師教育プログラムでのリフレクティブ・プラクティス実習による内省技術の涵養が義務づけられました(ABA, 2005：43)。これにより、リフレクティブ・プラクティスは、日常の経験から内省を通じて学び看護師としての自律的成長を志向する態度/技術修得の手段として社会的認識を得たわけです[9]。このように、リフレクティブ・プラクティスは教育や臨床看護の実践の分野で、実践家の自律的成長を目指すための訓練手段として広まっていきました。

　実践方法としてその効果が喧伝される一方で研究方法としてのリフレクティブ・プラクティスの評価は様々です。指摘されている主な問題点は次のようなものです。

　1つは実践家が成長するための実践研究法としての有効性とリフレクションについての多様な理解による概念解釈の曖昧さです。後者の概念解釈の曖昧さは以下のような問題として指摘されています。1)実践あるいは研究方法論の上で中核をなすリフレクションの概念が曖昧であること、2)それゆえに方法論的に確実なものにならないこと、3)さらにその結果、実践の評価ができにくいこと(Rodgers, 2002)があります。

　2つ目は、研究法として考える場合、リフレクションの過程で採取される語りやジャーナル記述を分析解釈する時に主観性が払拭できないことへの疑義があります。これは特に客観性の確保を研究における最重要点とする実証主義的研究家からの指摘が多い点です。

　また、3つ目は、実践研究法としての手順は基本的にアクション・リサーチと類似しているために、リフレクティブ・プラクティスとアクション・リサーチとの区別がつきにくいという問題があります。事実、McKintosh (2010：34)は、John Elliot(1991)の著作 Action Research for Educational Change に言及して次のように言っています。

　　The nature of action research, for Elliot, is reflective. Indeed, what Schön and others term ‘reflective practice’, he terms ‘action research’.

　（エリオットにとっては、アクション・リサーチの特徴はリフレクティ
　ブだということです。実際のところ、ショーンや他の研究者はリフレク
　ティブ・プラクティスを用い、エリオットはアクション・リサーチと
　言っているわけです。（筆者訳））

　アクション・リサーチとリフレクティブ・プラクティスの 2 つの実践研
究法が似たような性質を持ちながら、それぞれが独立して語られるように
なって来たのには、この二面性が影響しているのではないかと考えられま
す。互いが学術的研究方法と実践方法の両側面を持ちながら、それぞれの発
展経緯をみるとその長所・短所は必ずしも一緒ではありません。つまり、こ
こまでの議論を眺めてみると、研究的側面に問題解決法として実証的な側面
から対応しつつ発展してきたのがアクション・リサーチであり、ふり返りに
よる実践的側面、つまり自身と自身の実践を批判的により深く理解する技術
を深めてゆくことにより大きな光を当てて発展してきたのがリフレクティ
ブ・プラクティスと考えられるのです。
　応用社会心理学の領域に産声を上げたアクション・リサーチは、それゆえ
に成果としての「変化(change)」が運命づけられ、それによって研究として
の実証性を担保してきました。アクション・リサーチを用いた研究の中に、
数量的なデータを収集して変化や効果を議論する一方、内省プロセスだとか
参加者の研究への参加といった部分への言及が見られず、実践理論面の解釈
が希薄に留まる研究が少なくないのは、実証性と普遍性を重視する社会心理
学的伝統の特徴を維持している背景があるのかもしれません。また、これは
同時に、アクション・リサーチの実践理論面、特に参加者による内省実践を
通しての理解深化のプロセスは、実はそれほど容易ではないということでも
あるでしょう[10]。
　そういった点では、リフレクティブ・プラクティスは、アクション・リ
サーチの陰でそのむずかしさと曖昧さゆえに置き去られようとした個の側
面、自己についての知識(self-knowledge)に光を当てて、実践の改善だけで
なく実践者の成長をも視野に入れた実践研究法として理論的枠組みと具体的

実践方法を整えてきたと言えるかもしれません。リフレクティブ・プラクティスが、学習者という教室におけるナイーブな存在、葛藤する教師、社会的弱者とソーシャルワーカー、或いは病院における患者と看護師との交流といった分野においての実践分析によく用いられるのは、内省を通してそれぞれが世界とどのように関わっていこうとしているか、そこにスポットを当てようとしているからだと思います。

この影の部分に光をあてる営みこそがリフレクションであり語りであり、人間主義的な面であります。この点における指摘を明快に行い、リフレクションの位置づけを行ったのが、Schön(1983)であり、Kolb(1984)ということになります。ただし、リフレクションそのものは、経験への向かい方であって実証研究におけるような具体的なデータ分析法ではありません。

近年、研究方法としてのリフレクティブ・プラクティスに関心が高まっています。これは、人文科学や社会科学分野、特に人間科学と言われる文化人類学、教育学、臨床心理学、芸術、看護学、精神医学などの横断的領域において様々な質的研究法が現れ始めたことに拠ります。こうした分野の質的研究では、研究法の拠って立つ背景理論を問います。その中で特に人間を対象にした研究領域でリフレクションを有効な方法として位置づける領域が出てきました。認識論や存在論、あるいは学習理論との関わりで、リフレクションが現象への有効な方法であると改めて位置づけられてきたのです。さらに現象学のような哲学理論の応用によって個々の存在としての人間の生きられた経験(van Manen, 1990)こそが分析される必要があるという理解が教育や臨床分野で広まりを見せ始めたのです。

研究分野で早くから用いられてきたアクション・リサーチが多くの研究方法を包摂する懐の深さを持っている一方でリフレクティブ・プラクティスはリフレクションを基本的な補法とするということで領域限定的な性格を持ちます。ただ、人間科学という多様な人間の行動や経験を分析する領域においてリフレクションがとてもパワフルな経験へのアプローチ法として認識され始めたことに間違いはないようです。

7.　おわりに

　この章ではまず授業研究とは何かについて、実践現場から生まれた研究と学問的研究の原理的違いに焦点を当てました。そこには現場という文脈において実際的問題解決を図る必要性から生まれた研究と、一定の問いに対して認識論的基盤の上に目的や方法を決定してゆく学問的研究の違いが浮かび上りました。

　次に現場での問題解決と学問研究を両立する研究方法としてのアクション・リサーチについて検討し、共有される特徴からリフレクティブ・プラクティスは基本的にアクション・リサーチの1つの派生形と考えられる研究法であると位置づけました。さらにその上で両者の違いとして、社会心理学などの分野の研究枠組みに、より柔軟に適応するアクション・リサーチと、研究というよりも教育実践あるいは臨床分野での実践方法及び分析技術として発展してきたリフレクティブ・プラクティスとの目的論的違いが議論されました。最後に、近年の多様な質的研究方法の登場によって、実践文脈にあったリフレクティブ・プラクティスが研究方法として受け入れられる理論的基盤が整ってきたことが論じられました。

　それでは次章において、リフレクティブ・プラクティス実践の中心となるリフレクションとは何かに議論を移していきましょう。

引用文献

ABA. (2005) *Standards for the Approval of Third Level Institutions, Health Care Institutions and Educational Programmes Leading to Registration*, Dublin: An Bord Altranais.

Borg, S. (2003) Teacher cognition in language teaching: A review of research on what language teacher think, know, believe and do. *Language Teaching*, 36 (2), pp.81–109.

Dewey, J. (1910/1997) *How We Think*. NY: Dover Publications.

Dewey, J. (1938/1970) *Experience and Education*. New York: Touchstone.

Doig, B. and Groves, S. (2011) Japanese lesson study: Teacher professional development through communities of inquiry. *Mathematics Teacher Education and Development*, 13 (1), pp.77-93.

Elliot, J. (1991) *Action Research for Educational Change*. Open University Press. Milton Keynes.

Freire, Paulo F. (1970/2000), *Pedagogy of the Oppressed*, NY: The Continuum International Publishing Group.

Kemmis, S. and McTaggart, R. (1988) *The Action Research Planner*. Victoria: Deakin University Press.

Kohonen, V. et al. (2001) *Experiential Learning in Foreign Language Education*. Essex: Pearson Education.

Kolb, D. A. (1984) *Experiential Learning: Experience as the Source of Learning and Development*. New Jersey: Prentice Hall.

McIntosh, P. (2010) *Action Research and Reflective Practice*. Oxon: Routledge.

Merriam, S. (2009) *Qualitative Research: A Guide to Design and Implementation*. SF: John Wiley & Sons Inc.

Neilsen, E. H. (2006) But let us not forget John Collier: Commentary on David Bargal's 'Personal and intellectual influences leading to Lewin's paradigm on action research', *Action Research* 4 (4), pp.389-399.

OECD (2010) Japan: A story of sustained excellence, *Strong Performers and Successful Reformers in Education: Lessons from PISA for the United States*, (retrieved at https://www.oecd.org/japan/46581091.pdf)

Rodgers, C. (2002). Defining reflection: Another look at John Dewey and reflective thinking. *Teachers College Record*, 104 (4), pp.842-866.

Schön, D. A. (1983) *The Reflective Practitioner: How Professionals Think in Action*. NY: Basic Books.

van Manen, M. (1990) *Researching Lived Experience: Human Science for an Action Sensitive Pedagogy*, Ontario: The University of Western Ontario.

秋田喜代美・佐藤学・恒吉僚子(編)(2005)『教育研究のメソドロジー——学校参加型マインドへのいざない』東京大学出版会

稲垣忠彦(1990)「授業研究」細谷俊夫・奥田真丈・河野重男・今野喜清(編集代表)『新教育学大辞典』第 4 巻：pp.62-66. 第一法規出版

稲垣忠彦・佐藤学(1996)『授業研究入門』岩波書店

ウィリッグ・カーラ/上淵寿・小松孝至・大家まゆみ(訳)(2003)『心理学のための質的研究法入門——創造的な探求に向けて』培風館. 〔Willig, C. (2001) *Introducing*

Qualitative Research in Psychology: Adventures in Theory and Method, Open University Press.]

小野擴男(2003)「授業研究と研究授業」山﨑英則・片山京二(編集代表)『教育用語辞典』ミネルヴァ書房 pp.260-261.

小野由美子・近森憲助・喜多雅一・小澤大成(2006)「南アフリカ中東理数科教員再訓練計画(MSSI)における授業研究の導入について」『鳴門教育大学研究紀要』21：pp.151-161.

佐藤一子・森本扶・新藤浩伸・北田圭子・丸山啓史(2004)「アクションリサーチと教育研究」『東京大学大学院教育学科研究紀要』44：pp.321-347.

佐藤学(2010)『教育の方法』放送大学叢書 左右社

ジオルジ・アメデオ(2013)『心理学における現象学的アプローチ』(吉田章宏［訳］)新曜社

高橋順一・渡辺文夫・大淵憲一(編)(2011)「研究とは何か」『人間科学研究法ハンドブック』ナカニシヤ出版 pp.1-10.

フリック・ウヴェ(2011)小田博志(監訳)『質的研究入門―人間科学のための方法論』春秋社

フレイレ・パウロ/小沢有作・楠原彰・柿沼秀雄・伊藤周(訳)(1979)『被抑圧者の教育学』亜紀書房．[Freire, P. (1970) Pedagogis Do Oprimido, Rio De Janeiro: Paz e Terra.]

やまだようこ(編著)(2007)『質的心理学の方法―語りをきく』新曜社

渡辺恒夫(2014)『他者問題で解く心の科学史』北大路書房

〈推薦図書〉

Dewey, John. *Experience and Education.* Touchstone Book, 1997.
　　(伝統的教育と進歩主義的教育を対比しながら教育における「経験」の持つ意味と可能性を議論する。経験主義的学習の基本的スタンスが分かる。デューイの英語は概して読みにくいが、短いので大丈夫。)

ジョン・デューイ『経験と教育』市村尚久(訳) 講談社学術文庫、2004 年.
　　(上掲の著作の和訳。まず概念把握は日本語でという方はここから。)

Kolb, A. David, *Experiential Learning: Experience as the Source of Learning and Development.* Prentice-Hall, 1984.
　　(ジョン・デューイの系譜の上に経験主義学習を理論づけた古典的著作。ショーンの『反省的実践家』とほぼ同時期に出版されているところも興味深い。)

Schön, A. Donald, *The Reflective Practitioner: How Professionals Think in Action*. Basic Books, 1983.

（リフレクションの意義についての議論を展開した古典的著作。）

やまだようこ（編著）『質的心理学の方法―語りをきく』新曜社 2007 年.

（質的研究、とくにナラティブをデータとして取り組む研究の理解が分かりやすく綴られている。様々なデータの形式が用意されていて分析の過程が共有できる。）

---

[1] リフレクションの日本語訳としては、省察、内省、ふりかえり、反省等がある。この 4 語間の意味の異同について、「省察」はより客観的な視点からの経験の吟味・分析という意味合いを持つように思われ教師認知（笹島, 2009）や社会文化的アプローチからの参与観察（吉田, 2009）で用いられている。「内省」は、より自身の内面の主観的意識を観察・思考する意味合いで用いられ（玉井, 2009）、ふり返りは、新しい学習指導要領では、行われた学習経験を省みる行為・活動として用いられている。「反省」は過去の行為について批判的にふり返る意味合いを持つと考えられる。本書では、リフレクションをアクション・リサーチやリフレクティブ・プラクティスで行う内省行為として用い、他の 3 語は、凡そ前述のような違いにおいて使い分けることにする。

[2] 『大辞泉』には「授業実践」についての項目があり、「小・中・高等学校などの教諭が、他の教諭に授業を公開して意見を交換し合い、よりよい授業のあり方について研究すること」とある。また小野（2003：p.260-261）は、授業研究を研究授業と対照させつつ、その異同を戦前と戦後の授業研究の文脈的変化の中で捉えて次のように説明している。「戦前においては研究授業という言い方が一般的であったが、1960 年以降、海外の授業に関する諸研究に触発され、授業が科学的研究の対象とされ始めて、授業研究という表現が一般的になった。」

[3] 2010 年の OECD report （https://www.oecd.org/japan/46581091.pdf）では lesson study が日本の教師の資質向上において極めて重要な役割を担っていることが紹介されている。さらに小野他（2006）では南アフリカ共和国における授業研究（教員相互の学び愛による継続的な授業改善）の導入と定着の可能性についてその過程を詳細に報告している。

[4] Borg は teacher cognition について次のような説明を提示している。Teacher cognition—what teachers think, know, and believe and the relationship of these mental constructs to what teachers do in the language teaching classroom.

[5] ここで言う〈研究者〉とは、大学等の研究者だけを指すのではなく、研究者と実

践者とが協力する場合、あるいは実践者が研究者的スタンスで自身の実践にアプローチする場合を含む。

6 アクション・リサーチの創始については、佐藤他(2004)ではアメリカの「インディアン問題」の担当官としてレヴィンと共に調査研究を行っていた John Collier もアクション・リサーチの提唱者として挙げており、同様の指摘は Neilsen (2006)にも見られる。Neilsen は、レヴィンの共同研究者である John Collier がすでに 1945 年(レヴィンが action research を使い始める前年)に同語を使っていたことを指摘している。

7 Kemmis and McTaggart によるモデル(図 2)では plan-act-observe-reflect となっている。

8 レヴィンは場の理論において人の行動を人と環境との関数として表わしており、またその研究方法は実証的スタイルに貫かれている。ただそこに人の行為を変数の集合ではなく全体として捉えようとする考え方、あるいは環境や集団におけるダイナミクスのような一義的に定義しえない弾力的な概念を取り入れようとした所に特徴が見られる。

9 ABA は An Bord Altranais(ゲール語)の略で The Nursing and Midwifery Board of Ireland (NMBI)を意味する。NMBI はアイルランドの看護師、助産師養成における行政機関である。同国では 1990 年代まで看護師・助産師養成が資格取得を目的とした 3 年教育で行われていたが、待遇改善を求めた運動の結果、4 年制の大学教育に位置づけられることとなった。新制度は 2002 年にスタートしたが、その際にリフレクティブ・プラクティスは看護師の対応能力向上に必要な実習課程として導入された。学生は実習先において週最低 4 時間のリフレクションのための時間保証を受けることになっている。

10 Gold, M. (1999) The Complete Social Scientist: A Kurt Lewin Reader には例えば以下の論文が採録されている。Lewin, K. (1948) Group decision and social change. In T.M. Newcomb & E.L. Hartley (eds.) Readings in Social Psychology, pp.330-341. New York: Henry Holt.
Lewin et al. (1944) Level of aspiration. In J. Mcv. Hunt, (Ed.), Personality and the Behavior Disorders, pp.333-378. New York: The Ronald Press.

第2章　リフレクションについて

玉井健

1．はじめに

　リフレクションはリフレクティブ・プラクティスという授業実践・授業研究法の主要かつ本質的な方法です。一方、実践としてのリフレクションが何かというのは中々理解しづらいところがあります。本章では、リフレクティブ・プラクティスにおけるリフレクションとはどういうことかについて、できるだけ詳細に議論してみたいと思います。

2．リフレクションと経験

　第1章の注1でも述べたように、リフレクションには内省、省察、ふり返り等の訳が用いられます。「省」という漢字や「返る」から、自分の来し方をふり返って考えるというような意味が浮かびます。『論語』に「学んで思わざれば即ちくらし、思うて学ばざれば即ちあやうし」とあるように、人間としての素養向上を目ざす儒教思想の方法や、ソクラテスが対話を通して根拠のない信条を疑い真理へ迫っていく方法にもリフレクションと通じるものが見えます。「無知の知」は自己への不断の批判的思考によってのみ到る1つの理解の境地を示していると考えれば、自身に対する内省の眼差しはその基本的な方法であり、言いかえると我々は自身あるいは自身の生きる世界

をよりよく知るために「思う」ことから逃れることはできないわけです。

　この内省する技術(リフレクション)は、近年になって職業的な実践家に求められる本質的な資質の一部として認知されるようになりました。また、実践研究方法としてのリフレクティブ・プラクティスは、教育のみならず臨床看護、社会福祉、人材育成、スポーツにおけるコーチングなどの分野でも幅広く行われるようになっています。看護師教育においてアイルランドでは、2000年代に入ってリフレクティブ・プラクティス実践が法律によって必修化され、4年間に亘る綿密なカリキュラムの下で継続的に研修が行われています(第1章注9参照)。教員養成では、1980年代以降、欧米を中心として自律的な教員養成を目的とするカリキュラムに取り入れられ、教師がその成長過程において育むべき技術として位置づけられています[11]。また、近年ではアメリカはカリフォルニア州に端を発する指導技能準拠評価(performance-based assessment)において、リフレクションは教員採用における評価すべき観点の1つとして挙げられています[12]。

　一方でその概念の理解は必ずしも定まっているわけではなく、そのためにリフレクティブ・プラクティスを一枚の俎板の上で議論することが難しいのも事実です。批判には例えば以下のようなものがあります。

> 「リフレクティブ・プラクティスをめぐる概念的混乱」(Kinsella, 2009)、「(リフレクティブ・プラクティスは)曖昧なスローガンに過ぎない」(McLaughlin, 1999)、「そもそも 'reflect' とはどういうことを言うのかについての確信の欠如」(Rodgers, 2002; Finlay, 2008)

　これからリフレクションを実践に取り入れてみたいと思われている読者には、ええ、大丈夫？　と思えてきますね。しかし、上記の問題点を挙げた研究者はいずれもリフレクションそのものの意義や価値を否定したわけではありません。彼らは研究者として議論する上で、納得のできるある一定のプラットフォームに立った概念規定がないことを指摘しているのです。

　本章では、リフレクションについての分野横断的に概念を比較しつつ、そ

の核心となる概念を取り出すことで、リフレクションの本質について考えてみたいと思います。さらにリフレクションという行為が一義的に定義しにくいとするならば、そこには理由があるはずでそれはどうしてか、リフレクションはどういう複雑、あるいは多面的な側面を持つのかについても考えてみたいと思います。

　手始めに、リフレクションについて教育哲学の立場からその重要性を説いた Dewey、さらには『反省的実践家』を著した Schön、そして現在異なる分野で活躍する実践研究者の定義を比べてみましょう。何か共通項が見えるかもしれません。

表2　分野横断的リフレクションの概念

	内容	リフレクションの対象	リフレクションの目的	方法
Dewey (1910, 1938[13])	教育哲学	経験された出来事とそれについて特定の理解に到った根拠	経験についての意味探求及び、自身の知識、判断、理解の検証。	経験を対象とするシステマティックな検討。問題の認識と、問いかけによる問題の特定、更なる観察と記述と解釈。
Schön (1983)	教育哲学	様々な現象（目に見えない価値観、方略、理論、感情、問題の捉え方、自身の役割等）	職業的実践家が実践における自身の判断の基礎を新しくとらえ直す。	実践についてのリフレクション。実践過程におけるリフレクション。
Kemmis and McTaggart (1988)	教育/カリキュラム	観察を通して記録された活動	過程から意味を取り出す。（授業）の効果や進め方を調べるために経験を評価する。	（問題の）社会的状況について様々な視点から考え、問題とそれが発生した状況を理解する。集団でのリフレクションによる支援。記述を行う。

Johns (2013)	看護学	自己と経験	自身の見方に気がつき、どうして問題がそのように現れるのかを理解する。自身に対する新しい見方を得る。実践を支える自身の見方(事象の見方)を発達させる。	子育てした状況の中での葛藤を通して自身の見方と問題の現われを徹底に理解するために取り組む。リフレクションには(メンターの)ガイダンスが必要。
Bolton (2014)	看護学	出来事:何が起こったか、何を考えたか、誰が、いつ	(実践者としての)我々は誰で、どんな役割を持ち、どういう理由で実践を行うのか、どうすればより効果的に行えるのかについて知る。	経験に対して可能な限り多くの角度から検討を行う:ジャーナル・ライティング、指導者またはグループによる支援は必要。
Dawson and Kelin (2014)	演劇	経験	それぞれの状況における自身の行う選択についての気づきと意図された結果をどのように達成するかについての理解。	協働的な取り組みと過程への注目。自己と他者の意識的な対話。経験をほどよく多様な視点から検討し、経験から得た知見を次の行動に用いる。過去の知見の現在への応用。
Rodgers (2002)	外国語教育/教育	経験	学習者を、他の経験や考えとの繋がりのついての深い理解をもって、1つの経験から次の経験へと導いてやる。学習の継続を可能にしてやり、個人の進歩、究極的には社会の発展を目指す。	経験から意味を取り出す。科学的な探究に則ったシステマティックで厳密な思考を行う。リフレクションは協働的に人との関わり合いの中で行うと他者の人間的で知的な成長を目指す姿勢が重要。

　ここからリフレクションとはどういうものかについて読み取れることをまとめてみましょう。分野横断的に6つの特徴が浮かび上ってきました。

　第一は、リフレクションが対象とするのは当事者の経験（experience）である、つまりリフレクションは個人の経験を対象として志向する行為であること。

　第二に、リフレクションは文脈や状況に根ざした実践を検討するための方法手段であり、それは語られ記述されるものだということ。

　第三は、リフレクションは経験（出来事や発生している問題的事態）の多面的な意味理解を目的として行われること。

　第四は、リフレクションは、結果よりもプロセスという時間の継続的な流れの中で行われるもので変化・変更に開かれていること。

　第五は、リフレクションは個人内で行われるというよりも、対話的且つ協働的な営みであり、グループやメンターのような存在が関わることが条件となること。

　第六は、特にデューイに強調されることですが、リフレクションは自身の判断や解釈の根拠となるビリーフ（belief）の検討を目的とする、です。

　ここで「リフレクションは経験へと向けられる行為である」とするならば、リフレクションの意味はかなりはっきりしてくることになります。但しリフレクションが経験に向かうという概念を正当なものとして受け入れるには、「経験」についてもう少し知る必要があります。次節ではリフレクション（内省、省察、ふり返り）という行為が向かうところの経験とはどのようなものかについて考えてみたいと思います。

3.　リフレクションの対象としての経験とは何か

　経験は哲学を語るうえでは欠かせない語彙として君臨して来ました。「経験」そのものを哲学的に論じることは本書の目的ではありませんし、筆者の手に余ることは言うまでもありません。ここでは哲学的知見を頼みにしつつ、リフレクションの対象としての経験を教育という文脈に置いて考えてみ

たいと思います。

　経験は、ここではざっくりと、人がこの世界との関わりの中で自ら関わることによって事象を意識し理解を深める営みと考えるとしておきましょう。我々がどのように事象を理解するのかというテーマは、哲学史の中で様々に議論されてきた普遍的なテーマです。事象は真理の拠り所である神との関係において語られるべきものとしたり、生まれつき人には自然な事象の認識能力があると考えたり、人間はそもそも全く白紙のようなものであるから人は経験を通してのみ知識を積み上げていくのだと考えたり、あるいは理性と経験との相互的な作用によって理解をしていくとか、です。ところが我々が生きる過程の中で体験し、考え思い悩み語り合うといった営みとしての経験はそうした哲学的議論の枠組みではうまく捉えきれません。教育に携わる我々が関わる経験、少なくともリフレクションが及ぶ経験とは常にその姿を変え、掴もうと思えばスルリと手の中から逃げてしまうような千変万化に形を変えるダイナミックなものでもあります。こうした経験について、また哲学者たちが興味深い解釈と見解を示していますのでそれを引きつつ論を進めてみましょう。

　中山(2000：181)はドイツ語にある2つの語彙「聞き知る(erfahrung)」と「体験する(erlebnis)」に触れつつ、経験には「知覚的な経験」と「人生での体験」の2つの面があると言い、後者は実際に生きた経験であり、それは時間的つながり、つまり歴史性の中で捉えられると言います。

　また、物語りの哲学的意義を論じた野家(2009)は、語りは象(カクド)るに由来し、何を象るかと言えば「経験」であるとし、哲学における経験と物語られる経験との区別において次のように言います。

　　ところで、経験という概念は、哲学的文脈においてはこれまで極めて乏しい内容をしか与えられてこなかった。とりわけ「経験主義」を標榜する哲学者たちは、経験を瞬間的な「感覚知覚」あるいは五官による「感覚与件の受容」とのみ解してきた。そこに欠落しているのは、1つは経験を経験たらしめている時間的広がりあるいは文脈的契機に対する理解

であり、今1つは経験を構成するに当たって不可欠の役割を演じている言語的契機に対する認識である。(p.81)

　そして「経験は物語られることによって初めて経験へと転成を遂げる」(p.83)と結びます。

　ここから見えるのは、自然科学や経験主義哲学で問われているように、経験がどのように認識され理解されるかといった認識論の枠内に留まるものではないというスタンスです。知覚、認識という心理学的なカテゴリに制約された経験ではなく、「生きられた営みとしての経験」なのです。哲学的な表現を借りれば実存的で存在論的と表わされるのでしょうか、ここでの経験は、時間の流れやその延長としての歴史、あるいは状況、社会といった文脈に位置づけられた存在としての我々の世界への向き合い方に関わるものです。

　そこには出来事に関わる人がおり、そうした人によって経験は記述され語られ、その結果共有されまた共有の過程で変化してゆくことに開いているものです。語り（記述も含めて）が出来事の意味を取り出す作業だとするならば、語り（narrative）はリフレクションにおける本質的な方法の1つであるということにもなります。1人称（私）による語りは、個人がある経験をどのように生きたかを語る重要な記述データであるという意味においてリフレクティブ・プラクティスでは重要な役割を果たします。本書で扱う経験というのは、ある出来事がそれぞれの個人的経験においてどのように経験されていたのか、そのように捉えたものを言います。

　ではリフレクションを用いて経験にアプローチするにはどのような方法が可能なのでしょうか。具体的技術や方法については後の章で詳述しますので、ここでは理論的な枠組みの中で経験へのアプローチの仕方を考えてみたいと思います。

4. 経験にアプローチする方法としてのリフレクション

4.1 経験主義学習（Experiential learning）

4.1.1 学びの資源としての経験

　リフレクションは経験に向けられる内省的営みである、と考えるということは経験を学びの資源にしているということです。教育における経験の持つ意義をいち早く訴えたのはアメリカの教育哲学者であるジョン・デューイです。Dewey（1938）は、次のように言います。

　I assume that amid all uncertainties there is one permanent frame of reference; namely the organic connection between education and personal experience.
　（あらゆる不確かなことの中において、1つだけ永久的に確かな枠組みがあると思う。それは教育と個人的経験との間の有機的な結びつきなのだ。（筆者訳））（p.25）

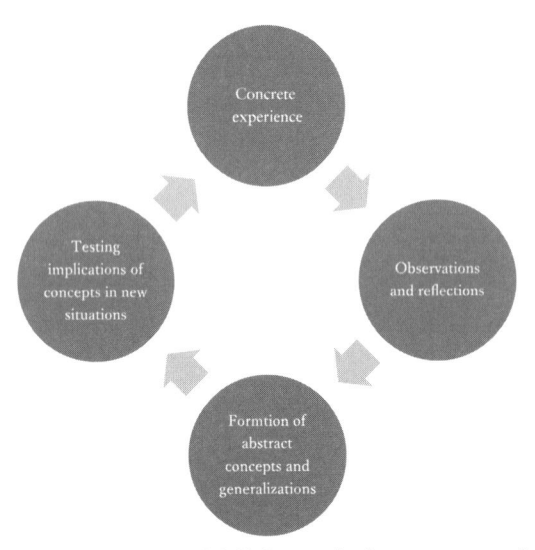

図4　レヴィンの経験主義学習モデル（Kolb, 1984：21）

　このように教育において個々人の持つ経験を資源として、経験への働きかけに焦点をおく考え方を経験主義教育(experiential learning)と言います。Kolb(1984)は、デューイの進歩主義教育、レヴィンの社会心理学、ピアジェの発達心理学をもとに経験主義教育を唱えました。彼の経験を資源とした学びのモデルは、レヴィンのアクション・リサーチモデルを基礎としており、上図3のような4段階モデルとして表わされています。

　これは、経験を対象化―観察・記述―内省―概念形成―応用―次の経験というシステムを踏むことによって経験に対して実証的に科学的にアプローチすることを可能にする手順で、単なる「熟考(mull over)」との違いはここにあります。

　上図では個人的な経験が観察されリフレクションという内省プロセスを経て抽象概念が形成され、それが新しい状況に応用されていく円環的手順が描かれています。お気づきのように、レヴィンのアクション・リサーチ、そしてグループ・ダイナミクスという集団的実践方法も、経験主義的学習理論とリフレクションを活用した実践研究法であることが分かります。

　内省行為としてのリフレクションが経験に向かうということは、経験が意味という豊かな水を湛えた泉のようなものだと言うことです。デューイの思想を再解釈した Rodgers(2002)は、リフレクションは "a process of making meaning of experiences"(経験の意味を読み解くプロセス)と言います。リフレクションが経験と学びを結ぶのです。ただ先ほど泉という表現を使いましたが、経験から意味を取り出す作業は柄杓で水を汲むようには簡単ではありません。Dewey(1938)はまたこのように言います。

Experience and experiment are not self-explanatory ideas. Rather, their meaning is part of the problem to be explored.
(経験や実験というのはそれそのものが自明なものではない。その意味は探究されるべき問いの一部なのだ。)

　さらに、経験を学びの資源とするということは、全人格的な経験を視野に

入れます。それは実践とその結果だけではなく、その過程で発生したこと全てが対象となるということです。具体的には、個人の感情であったり、他者の反応、集団における他者との関係、組織との関係、自身の信条、価値観といったあらゆるものが検討の対象となるのです。リフレクションを協働的に行うために、記述や語りが行われますが、ジャーナルなどの個人的日記からメンターとの対話、グループでの話し合い、ストーリー・テリング(story telling)、ローカルな理論形成等様々な形態をとるのは、様々な手段を駆使しないと経験の様々な側面にアプローチできないという理由に拠ります。

4.1.2 経験の持続性と相互作用性

経験の持続性と相互作用性とはちょっとピンと来ませんがどのようなことを言うのでしょうか。デューイは経験を固定的なものとして捉えていません。むしろ "Every experience is a moving force." (p.38) (あらゆる経験は動きを止めることのない力である) と言うように永遠に成長を続ける大変ダイナミックな力として捉えています。さらにこの原動力には 2 つの側面があります。continuity (持続性) と interaction (相互作用性) です。持続性とは longitudinal (縦断的) と表現されるように、あらゆる経験は過去、現在、未来へとつながっていて時間という次元において考えられるものだということになります。

ショーンの提示したリフレクションの 2 つのタイプに行為についての省察 (reflection-on-action) と行為の中での省察 (reflection-in-action) があります。前者はすでに完了した経験についてのリフレクションということですが、後者はもっと弾力的です。Reflection in action の action は action-in-present であり、その時間的概念は、数分単位から数時間、数日、数週、数か月と延長するものでそれは実践のペースと実践の性質による状況的なものによるという弾力的な捉え方です。アクションを経験ととらえるならば、これは reflection in experience と言うこともできるでしょう。ショーンのリフレクションの視線は過去と未来に開かれていると言えます。

もう 1 つの相互作用性というのは lateral (横方向への) という言葉で表わ

されるように空間的、社会的なものです。経験の解釈は文脈から切り取って考えるのではなく、文脈に根づいたもの、あるいは自己と他者、環境との対話的なやり取りにおいて考えられるものであるということになります。このように経験は決して個人内に留まるものではなく社会的な文脈に位置づけられるという考え方は、社会構成主義あるいは現象学における生活世界という考え方にも通じるものがあります[14]。

4.2　現象学的視点から見た経験

　現象学はこの世界において我々が生きるとはどういうことか、という所まで我々の立ち位置を引き戻して日々の経験を考えなおすことを要求します。この問いは、経験の本質を問うもので、それは例えば、我々がティーチングと思っていることが本当にそれとして学習者に経験されているのか、学習者に自分のティーディングはどのようなものとして経験されているのか、といったような問いとして我々に迫ります。

　現象学(phenomenology)は、20 世紀に生まれた哲学思想でドイツのエドモンド・フッサール(Edmund Husserl, 1859–1938)にその基礎を負っています。その考え方は弟子であるハイデガーによる存在規定についての理論や、メルロ・ポンティの身体概念の導入によって新たな視点が提供され、新たな捉え方を展開させつつ発展を続けています。

　「事象そのものへ」という表現で表わされるように、出来事をあるがままに「それ自身の方から見えるように」記述し、それは、我々が日々直接的に経験している感情や思考を意識の表れとして研究対象となし、そうした出来事は自身あるいは相手にとってどのようなものであったのかと問うことで、経験の本質的な構造を明らかにすることを目ざすものです。

　現象の本質を主観的な語りや身体的視点を手掛かりに捉えようというスタンスは、自然科学においてなされるように、経験された出来事を数値のような切片化された客観データとして取り出し、一定の理論やすでに我々が常識と捉えている概念を当てはめて、現象との因果関係を分析するという方法的態度とは根本的に異なるアプローチと言えます。そして「科学」においては

視野に入れられず、むしろ可能な限り排除される個人の存在だとか主観をこそ研究の対象にするという点で、リフレクティブ・プラクティスと現象学的アプローチは経験へのスタンスを一にするのです。現象学は自身の、世界との関わりにおいてどのように存在するか(物事を経験しているか)を探究する方法論的態度と言え、実践における経験の意味探究を目的とするリフレクティブ・プラクティス実践研究者にとっては、新たな理論的・方法論的基盤となることが期待できるのです。

　ここでは、現象学的アプローチ独自の理論による経験への接近法を応用した時に、経験のどういった側面が見えてくるのかを考えてみましょう。

4.2.1　生きられた経験(lived experience)

　現象学は徹底的に「個」についての学問です。個が日々の出来事をどのようなものとして経験しているかを問題とします。

　たとえば、英語教師としての私が日々なすティーチングは、教室にいる生徒達にどのようなものとして経験されているでしょうか。40 人の生徒がいれば其々が私のティーチングを異なったものとして経験しているはずです。ややこしい文法も容易に理解できて楽しいと感じている生徒 A もいれば、もともと英語は嫌いなのにましてや苦手な文法は嫌だと苦痛に思っている生徒 K もいるでしょう。一方の私は教室という生活世界でのティーチングという営みをどのように経験しているのでしょうか。ニコニコして頷いてくれる生徒 A の横でうつ伏せになっている英語嫌いの生徒 K が気になって仕方ないのです。自分の教え方が悪いのか、そもそも嫌われているのか、教師として教室の中に存在している自身との関わりで自分のティーチングを推し量ります。私は自身のティーチングにおいて自身が経験したことを悶々とした思いでジャーナルに記述します。翌日 K に聞くと、勉強する気がないわけではないが朝から体調が悪く、教師には悪いと思いつつうつ伏せになっているしかなかったと言います。K の言うことを文字通りに取るかどうかは別として、K にとっての私のティーチングは昨日の授業においてはそのようなものとして経験されていたということなのです。

　経験主義学習論と現象学的教育論の視点から Kohonen (2001) は「生きられた経験」という概念について次のように言っています。

> The 'use' of the learner's lived experience in teaching situations is a sign of respect for him or her as a whole person with his or her personal history; it is accepting the learner as the Other, as an independent human being, who has the full right and responsibility to build up his or her life-world and to find his or her own modes and strategies in learning. (p.108)
> （教育において学習者の生きられた経験を使用するということは、学習者が夫々の個人的歴史を持った全人的な存在であるとして敬意を表すことでもあるのです。つまり学習者を他者、言い換えると自身の生活世界を作り、学びにける自身のモードや方策を見つける十全の権利と責任を持つ自立した人間として受け入れるということなのです）

　ここには、「生きられた経験」という概念が、主体としての学習者存在に対する敬意の念を教育者に求めると同時に、自らの役割を学習者の立場から考える逆方向のベクトルが見えるのです。

　表題の生きられた経験 (lived experience) は、経験が個にどのようなものとして経験されているのかを探究する姿勢（どのように有り生きようとするかという存在論的な視点で）と言えます。目標は経験の個にとっての意味であり、それが経験の本質、あるいは構造と考えるのです。

4.2.2　観察の態度：現象学的還元

　現象学的還元は現象学的アプローチにおけるもっとも基本的な方法論的態度です。我々は日常的に常識とされている知識や社会で共有されている価値観、あるいは科学的知識をもとに現象の意味を考え価値判断をしています。これは自然的態度と呼ばれます。そこから汲み取られる意味はそうしたすでに蓄えられた判断基準の上で吟味されたものなわけです。フッサールはそうした知識を一旦（カッコ）に入れ、直接経験を見よと言います (bracketing)。

これは現象学的還元(phenomenological reduction)と呼ばれています。フッサールから始まる現象学は、ハイデガー、メルロ・ポンティと事象の捉え方はそれぞれに変遷を遂げていきますが、松葉(2014)は、還元は彼らのすべてに共通したもので現象学にとって最も本質的な方法であるとし、三者の異同について次のようにまとめます。

> フッサールは、このように意識の中で超越論的主観性をとらえる。しかしハイデガーであれば時間性の内に超越論的主観性をみるであろうし、メルロ＝ポンティであれば身体的な相互主観性のうちに超越論的主観性をみるであろう。(p.12)

　教育に置き換えて言えば、教師はそれぞれに無意識、意識を問わずティーチャー・ビリーフ(teacher belief)と呼ばれる教師観を持っています。遅刻をすることは校則違反で良くないことであり、成績がよいことは学校という文脈ではよいことである、友達と仲よくすることは好ましいことであると言ったような。こうした教師観なりティーチャー・ビリーフは多くの場合無意識的に我々の行う判断の背後で働いているわけです。一方我々はそうした判断の背後にある目に見えぬ働きに多くの場合無自覚で、我々のティーチングを生きる立場の学習者の戸惑いや驚きはかき消され、いつの間にか自分の声しか聴かぬ存在になってはいないでしょうか。現象学的還元はそうした我々の思い込みを(カッコ)入れすることによって教室での現象に偏見のない新たな感性で立ち向かうことを我々に促すのです。

4.2.3　生活世界(life world)

　生活世界(life world)という概念は、在り生きる存在としての我々が置かれる世界を表わします。これは科学的探究において想定されている歴史や社会といった文脈的世界から切り離された実験室的世界ではなく、我々はそもそも時間的世界の中で生き、生活している存在であるということが前提となっているということです。教師はティーチングという営みを学習者と分か

ち合う存在であるとする見方は、こういう方法で授業を行えば全体の成績は
このように変化するという因果的な見方とは根本的に異なります。我々は学
習者とともに教室という生活世界にともに生活する存在であり、互いが互い
に影響しあう中で学習が行われて（あるいは行われなかったり）するわけで
す。学習者には教室の外に家庭があり、友人関係を生きています。教師も同
様です。そうした全体的な視点で自身や個々の学習者さらには学習者視点か
らの自身を考えるとティーチングはまた色々な現象として浮かび上がってく
るのです。

4.2.4　在り様という過程：存在論的問い（Ontic inquiry）

　次のように問われたら皆さんはどのように答えられるでしょうか。「1 人
の生徒が教室において学習者として「在る」とはどういうことなのか。」「今
日質問に答えられずに黙りこくってしまった A さんにとってあの沈黙の時
間はどのような時間だったのか。」

　のっけからややこしい質問で面食らわれたかもしれませんが、「存在する」
ということについて論を展開したハイデガーの存在論はリフレクティブ・プ
ラクティスを実践する我々にとても深い観察と内省の視点を与えてくれま
す。大著『存在と時間』についての詳細な解説書を著した Michael Velgen
（2000：53）は、ハイデガーの存在についての問いを次のようにまとめてい
ます。最初の 3 つを取り出して見てみましょう。

　科学的探究とは、存在者あるいは事物についての探究であるのに対して、
存在論的問いは、生活世界に生きる存在としての我々がどのようにあろうと
するか、生きようとしているかという実存論的な視点から経験の意味を明ら
かにしようという視点と言えます。存在論的な問いは、我々がともすれば
目を奪われがちな効果とか結果という科学的・合理主義的価値観から我々を
解き放ちます。学びの過程に対して学習者が存在として我々や教材との関係
においてどのように立ち向かって（その逆も含めて）いこうとしているかとい
う視点から観察することを促すのです。その時、その瞬間、そこでの 1 つ
の在り様としての学びの意味を問うスタンスと言えます。存在論的問いは

表3　存在論的問いと存在的問い

	存在論的問い(「ある」ということの意味に関する哲学的問い)	存在的問い(科学的探究)
問いの対象	存在(在るということの意味)	存在者(事物)
問いの型	存在論的(いかに在るか)	存在的(形式)
問いの用語	実存論的カテゴリー(自己との関係において如何に在ろうとするか)	カテゴリー(分類)

我々の目を学習者の生きる今ここの瞬間に向けさせるのです。ショーンの Reflection in action はまさにここに被ってくると言えないでしょうか。

4.2.5　文化現象としての経験

　教室でのティーチングを文化現象と見る時、リフレクティブ・プラクティスにまた新たな視点が立ち上がってきます。ものごとが意識に現われるその働きを「表象(representation)」と言いますが、教室という空間は、学びを目標としつつも常に様々な表象がリアルに生成し絡まりあう場でもあるということです。教室という文脈には目に見えぬ有象無象の意味のシンボルが埋め込まれています。個々の生徒の将来への不安や期待があり、入試があり、友人関係があり、家庭があり、塾や運動部があり、そうした複雑な糸の絡まりの中で生徒も我々も生きているわけです。文化人類学者のクリフォード・ギアツ(Geerts, 1973)は文化を蜘蛛の巣に例えています。

Believing, with Max Weber, that man is an animal suspended in webs of significance he himself has spun, I take culture to be those webs, and the analysis of it to be therefore not an experimental science in search of law but an interpretive one in search of meaning.(p.5)
(マックス・ウエーバーに同意して、人間というのは自らが紡いだ意味の糸の上に絡まれている動物であると考えるならば、私は文化こそがそ

うした蜘蛛の巣だと思う。そうしてその分析というのは法則を追求する
実験的科学ではなくて解釈的に意味を探究するものとなる。）

　人間というのは、自身が紡いだ意味の糸に絡まれて生きる存在であるとい
うのは、まさに言いえて妙で、実践者としての我々は教室という生活世界に
おいて我々自身が紡ぎ又他者が紡いだ多種多様な意味の網目に生きている存
在なのだということを示唆してくれます。Bruner(1996)はまた、我々の心
が如何に深く文化に状況づけられているかを "...that mind could not exist
save for culture"(p.3)と言い、さらに次のように言います。

> Meaning making involves situating encounters with the world in their ap-
> propriate cultural contexts in order to know "what they are about." Al-
> though meanings are "in mind," they have their origins and their signifi-
> cance in the culture in which they are created.(p.3)
> （意味理解というのは、それが何かを知るために、世界との出会いを適
> 切な文化的文脈に状況づけることなのである。意味は「心の中」にある
> としてもそうした意味は、それが生まれた文化の中にこそ始まりとその
> 重要性を持っているのである。（筆者訳））

　この Bruner の文化は意味が表象される地平でもあり、それは前節での現
象学における生活世界という概念と重なってきます。リフレクティブ・プラ
クティスの実践を行う時、実践研究者としての我々は、教室という文化世界
で前提とされる価値観や、交わされる評価や判断という意味生成のプロセ
ス、さらにはそこで生成される意味にもっと注視することが求められるのか
もしれません。そして、ここで求められる文化現象の意味解釈は、特定現象
の一般化を目指すものではありません[15]。むしろ、ある時点の出来事がその
経験に関わる当事者としての教師や生徒にどのようなものとして捉えられて
いる(た)か、どのような判断基準がそこに働いていたのかという現象学的な
視点に立つものとなるでしょう。

4.2.6 語られるものとしての経験

次に語り（ナラティブ）と経験との関係について考えてみたいと思います。一般化を目標とするために客観性の担保を重視する量的実証研究と異なり、リフレクティブ・プラクティスでは実践者や学習者の主観的立場からの経験の記述をデータとします。その記述は日記であったりインタビュー記録であったり、エピソードであったり時にはストーリーであったりします。質的研究のテキストを著している Merriam (2009) は、その著書の中で次のように言います。

> Stories are how we make sense of our experiences, how we communicate with others, and through which we understand the world around us. ..Stories, also called "narrative" have become a popular source of data in qualitative research. (p.32)
> （物語とは、いかに我々が経験の意味を理解し、他者とコミュニケーションを行い、それを通して我々を取り巻く世界をどのように理解しているかということなのです。物語とはまたナラティブと言われ、質的研究においてよく用いられるデータソースとなっているのです。）

物語は、我々が経験をどのようなものとして解し、他者と意思を疎通しているかを表すもので、それによって我々が世界とどのように関わっているかを著すものであり、それ故に質的研究において重要なデータソースであると言うのです。

データと言っても人が語ったものは本当かどうか疑わしいという意見もあるでしょう。野家（2005）は、物語は過去の再現ではないと言います。少し長いのですが物語ることの理論的意味が明瞭に述べられている議論ですので引用したいと思います。

> 「…再現という言葉は誤解を招きやすい。過去の想起は知覚的現在の忠実な「写し」ではないからである。もし忠実に模写されるべき知覚的現

在がどこかに存在しているとすれば、それは記憶の中にあるほかはない
であろう。しかし、記憶の中にあるのは解釈学的変形を受けた過去の経
験だけである。それが知覚的現在でないことはもちろん、知覚的現在と
比較して模写の良し悪しを云々できるようなものでもないことは明らか
であろう。当の知覚的現在は既に存在しない以上、模写や比較という操
作はそもそも意味をなさないからである。想起とは「しかじかであっ
た」ことを今思い出すことであり、思い出された事柄のみが「過去の経
験」と呼ばれるのである。それゆえ、過去の経験は、常に記憶の中に
「解釈学的経験」として存在するほかはない。…「知覚体験」を「解釈
学経験」へと変容させるこのような解釈学的変形の操作こそ、「物語る」
という原初的な言語行為、すなわち「物語行為」を支える基盤にほかな
らない。(p.18)

　経験を物語ることの結果として生まれたストーリーは、人が世界との関わ
りをそのように生きたという存在証明でもあり、それが言語によって構成さ
れたものと言えるでしょう。リフレクティブ・プラクティスの過程で「物語
る」ことは経験が人と世界との関わりを存在論的な視点から示すという意味
において、本質的な意味を持つと考えられます。
　ジャーナル・ライティングや心を許しあえる協働的なグループでの語り
が、経験から意味を取り出すうえで本質的な意味を持つというのは、そうい
うことであると思います。ライティングも語りも、出来事における自分の関
わりや生徒の反応を言葉にする点で1つのナラティブであり、その時にど
のようにあろうとしたかを語る記録なわけです。そしてその記録は連続的に
紡がれる中で変容を始め、ある時点でふり返ってみるとそこに自身や学習者
をとらえるフレームが変わって来ていることに気がつくのでしょう。
　以上、大きく6つの観点から経験を見てきました。経験は我々の生きる
生活世界に位置づけられるもので、それは多彩な側面に彩られ、ゆえに幾つ
ものアプローチが可能であることがお分かりいただけたのではないでしょう
か。ここで今まで述べて来たこと、特にリフレクションの方法理論に関わる

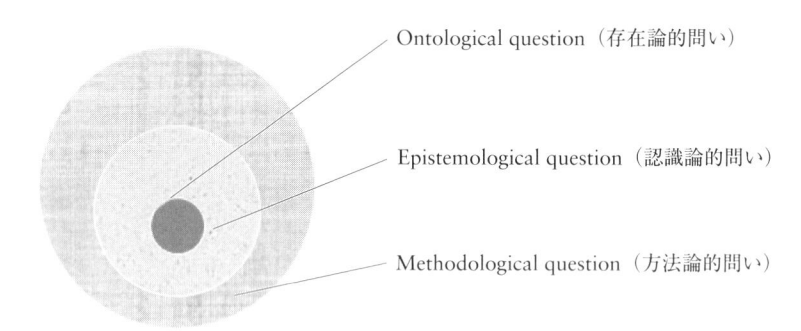

Ontological question（存在論的問い）

Epistemological question（認識論的問い）

Methodological question（方法論的問い）

図5　知の3つの基本パラダイム
（Guba and Lincoln（1994）をもとにイメージ化）

概念の整理を、2つのモデルを使ってまとめてみたいと思います。

　まずはパラダイムレベルでの理論についてです。Guba and Lincoln（1994）は、質的研究における様々なパラダイムの特徴について3つの次元(存在論、認識論、方法論)を対照させています。これをイメージとして表してみました。

　存在論的問いは、我々と世界との関わりを問うという意味において最も根本的な問いと言えます。リフレクションが向けられる経験に、この生きられた生活世界の存在としての学習者がどう生き、教師がどうかかわるのかという問いとして向かうならば、それは存在論的次元に立った問いということになるでしょう。それに対して事物は実在するものとしてあることを前提とするならば、学習は、学び知るべき真実を前提として考えるという考え方が成り立ち、リフレクションの方法論的意味は失せていきます。

　認識論的問いは存在論的問いの上に成り立ちます。知のパラダイムというべきもので、事象をどのように知るか、特に学びとは何かということも認識論的問いが答えることになります。リフレクションにおける学びは予め決まっているわけではありません。個々の主体においてそれは異なるし、個々の生きる世界との関わりにおいて学びを理解しようとするスタンスは、効果や教師の「～ねばならない」的知の制限を拒むことでしょう。

　方法論的問いは、認識論的パラダイムの基礎に立った上でどのようにその

知にアプローチするのかという方法論的選択の問題となります。客観性ということに対する概念が違えば、研究へのアプローチは当然のように変わるわけです。研究の方法としてリフレクションを用いる場合に、現場で遭遇する様々な現象に対して実践研究者がどのように向き合うのかということの意味が小さくないのは、ある意味常に方法論的自覚が求められているということだと考えます。

　1 つの授業は、客観テストによって授業計画したことがどのように達成されたという評価もあれば、この時間の自分のティーチングは英語嫌いの K 君にはどのように経験されていたのだろう (How has my teaching been experienced by K today?) という問いから評価することも可能なのです。例えば授業の最後にブランクペーパーを配って、この授業で分かったなと思うことを 1 つ、同時に分からずに腹が立ったところとか、聞けるなら先生に今聞いてみたいことを書いてもらいます。この 2 つの方法はそれぞれに異なるパラダイムの上に立つ授業評価法と言えるでしょう。

　Guba and Lincoln は異なるパラダイムを表に表していますが、このうち実証主義と、リフレクティブ・プラクティスが依拠する構成主義の 2 つを取り出してみました。

　リフレクティブ・プラクティスは真実をあるものとして考えず、経験に対して開かれた態度で向き合います。働きかけとしてのリフレクションを通して多様な意味を取り出して、その意味は自身のあるいは他者のどういうもの

表 4　様々な研究パラダイムの基本的な考え方

（Guba and Lincoln, 1994：109、筆者訳）

項目	実証主義 (positivism)	構成主義 (constructivism)
存在論 (ontology)	純粋なリアリズム―実在し知覚可能	相対主義―個々に異なる構築されたリアリティ
認識論 (epistemology)	二元論/客観主義、真実の発見	相互作用的、主観主義的、創造された発見
方法論 (methodology)	実験的/操作的、仮説検証、主に量的方法	解釈学的、弁証法的

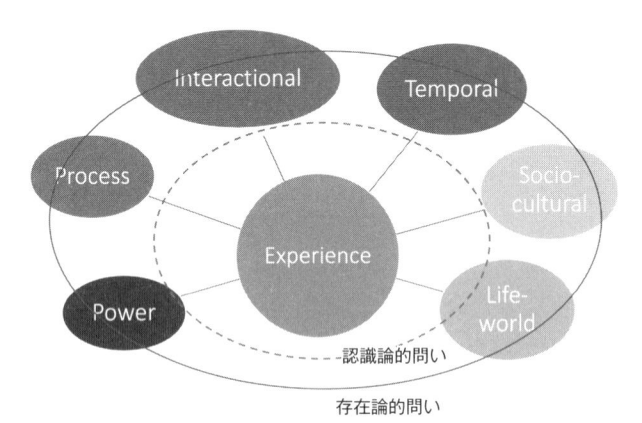

図6　リフレクションにおける経験の可能的領域と問いの関係

　の見方と結びついているかを考えます。そのプロセスで自身や相手にとって1つの出来事がどのような経験であったのかを語り記述するのです。そこで立ち上がって来るのは以前よりも妥当なものとして納得しうる理解なのです。

　以上議論した多様な経験分析の視点や観察の視点、及び世界観を反映させた経験へのアプローチ・モデルをイメージとして提示します。これが正解というのでも何でもなく、経験とはこのように可能的に多様なとらえ方ができるものであり、我々のアプローチはまず存在論的な視点から始まるのではないかというモデルです。

4.2.7　リフレクションについてのまとめ

　本節の最後にリフレクションの定義に戻っておきます。

　　リフレクティブ・プラクティスとは、経験について問い記述し、分析を
　　行うことで新たな意味解釈を引き出し、自身と自身の実践についての理
　　解を深めることによって問題の解決や成長を志向する実践研究法

　経験は、忘却の彼方にある昔の出来事から、今ここでの一瞬一瞬の連続のような経験もあります。それがどのようなものであるにしろ、経験をリフレクトするということは、自身の自身への向き合い方、世界との関わり方、認識の仕方、文化という意味の地平、知識というものについての考え方、その学び方、どのように我々や学習者が在りたいと思っているのか、在ろうとしているのかといった、生きる人間の経験を他者の視点で理解しようとすることであると考えられます。そうした豊かな理解がなされてこそ、今まで拠って立っていた自身の知の根拠をもう一度吟味してみようという勇気が湧き、それを変更してゆくことが可能になるのだと思います。

　リフレクティブ・プラクティスとは、そのように他者理解を通して自身の世界理解の地平を書き換えてゆく不断の努力の連続であり、それは取りも直さず人間の本質に迫るプロセスと言えるでしょう。自然科学的パラダイムに載るかのらないか、結論が一般化しうるかどうかというのではなく、リフレクションというのは、基本的に生活世界における我々の経験の本質に迫っていこうとする営みにも似たものだということです。

　次節では、リフレクティブ・プラクティスにおいて具体的にどのようなプロセスで経験にアプローチするのか、技術を交えながら説明をしたいと思います。

4.3　リフレクションの方法

　さて、リフレクションが対象とする経験とはどのようなものかを様々な視点から見てきました。経験は我々の生活や生き方と深く関わっていることが分かったと思います。また経験は大きくは環境、社会やコミュニティ、家庭、或いは学校や教室という文脈の中に埋め込まれていて、教師も学習者という 1 つ 1 つの個性も、歩んできた人生の異なる存在が、それぞれに意味を紡ぐ営みの中で織り上げられていくものです。さて教室という場で織りなすこの経験の意味に我々はどのようにアプローチできるのでしょうか。次節では具体的にどのようにリフレクションを用いて経験にアプローチしてゆくかについて論を移していきます。概念から実践へと舞台を移して考えてみま

しょう。

4.3.1　リフレクション実践の5つのステップ

　リフレクションについての定義は、その分野、あるいは実践研究者によって微妙な異なりを見せますが、本書では分野を教師教育に置いてリフレクションを次のように定義しています。

　　経験をふり返ることで新たな意味解釈を引き出し、自身と自身の実践について理解を深めることによって問題の解決や成長を志向するための実践研究法

　この定義は、ジョン・デューイの学びの資源としての経験の位置づけにその基礎を置くものです。デューイは経験に対してシステマティックにアプローチすることで、新たな学びが可能になると考えました。リフレクションはこの際の経験から意味を引き出す方法的技術ということになります。

　リフレクティブ・プラクティスでは経験に対して段階的にアプローチをしますが、この段階（あるいはプロセス）については、多くのモデルが提案されています。共通するのはどれも循環モデルであり、継続的であるということです。最もよく言及される基本モデルとしては図1（Kolb,1984）の4段階モデルがあります。Rodgers（2002）は、デューイの理論を理解した上で次の4段階に集約されるモデルを提案しています。1つの例としてその特徴を検討してみましょう。

1. Presence to experience
2. Description of experience
3. Analysis of experience
4. Intelligent action

　1 の Presence to experience は、ちょっと抽象的ですが、経験への開かれた関心、あるいは意識を経験に向けることと解釈できます。授業直後を考えてみてください。経験とは言っても何が問題なのかもわからないくらいボヤッとした感覚しかありません。落ち着いてくると、幾つかよかった瞬間や逆の場合が浮かび上ってきます。経験のあらゆる側面に開かれた関心をもって向き合う段階と言えます。

　2 の Description of experience は、経験の記述です。我々の眼はつい 3 番目の分析に向けられますが、Rodgers は特に 2 番目の記述段階がデータ収集プロセスという意味で重要であることを述べています。記述のモードは語りもあればライティングもあるでしょう。

　3 の Analysis of experience は経験の解釈です。記述された語りやジャーナルをもとに様々な解釈を試みます。特に初期段階では、解釈を 1 つに収束させるのではなく、あらゆる方向に解釈を求めます。開かれた解釈によってそこにあり得たであろう様々な可能的原因が浮かび上ってくるのです。

　4 の Intelligent action は合理的なアクションというような意味で、解決を模索する枠組みでは、問題解決のために自身が次に取る行動を言います。それは、前段階での分析に基づいて選択された自分が納得した上でのアクションなのです。

　こうしたモデルは、1 つに収束するべきと考えるのではなく、実践者の考え方で言葉を選んだり改良を加えてよいものだと考えています。

　私は(本書では)Rodgers によるデューイの解釈に立ちつつ、1．Presence to experience(経験への開かれた関心)の意味を具体化する工程としての「問い(inquiry)の生成」を加えます。これによって姿形のなかった経験は次の経験へと開かれ、朧気であった経験がよりはっきりと表れてくる瞬間が立ち上がります。デューイの経験の継続性という概念がまさにこれに当ります。

　また、4 段階目の Intelligent action は、それまでのプロセスから生まれた理解に基づく合理的な行動という意味ですが、本書のモデルでは、あえて行動を次段階におきません。記述と分析の結果としてよりよい理解に到るならば、必然的に次の行動は変わると考えます。内省的実践家にとっては行動が

図7　リフレクティブ・プラクティスの循環モデル

　必ずしもリフレクティブ・サイクルの次の必然的段階とは限りません。次の行動が新しい理解に導かれると考えるならば、大切なのはどのような行動をとるかではなく、どのような理解に到ったかだと考えます。新しい理解のもとで現象が異なる意味をもって立ち上がって来る時、行動は必ずしも必然とはならないと思うのです。私が関わってきた実践家たちは異口同音に認識の変化とそこから来る新しい理解が彼らのティーチングの変化をもたらしたことを語っています。

　というわけで本書では、経験を問いをもって捉え、問題解決のためのアクションに代わって「理解」を目指すモデルを下記に示します。問題解決を志向することを目的に次のアクションを探るモデルから、まず起こっている現実の問題をどのように記述し、分析し、理解しうるのかに視点を置くことで、より柔軟な結論をも視野に入れられると考えています。

4.3.2　リフレクションの基本技術

　リフレクティブ・プラクティスにおいてリフレクションを支える技術として次の4つがあります。

> 問い(inquiry)、記述(description)、解釈/分析(interpretation/analysis)、フィードバック(feedback)

　ここで理解しておきたいのは、リフレクティブ・プラクティスにおけるリフレクションは単に何かを思うことを言うのではないということです[16]。Kolb のモデルをはじめ、多くのモデルにおいてそうであるようにリフレクションは、問い、記述、解釈/分析、フィードバックなどの異なる分析過程全てに関わる全ての行為であり、段階ごとに経験に対して異なるアプローチを徹底して行うからこそ、主体的体験を相対化しうるのです。デューイが言う科学的なアプローチというのはそういう意味においてなのです。ではまず基本的な4つの技術について説明します。

問い(Inquiry)：

　授業経験をふり返るには、まず問いを立てます。問いは自身との対話を通して経験をふり返るための最初の入り口で、言うなれば経験との接点となります。リフレクションが進むうちにどんどん形が変わっていくかもしれません。それは出来事についての理解が変わるという点において当然と考えられますし、問いが変わることで経験の異なった側面が浮き彫りにされます。

　この問いはどのようにして立てるのでしょうか。自然に問いが立っている場合もあるでしょうし、「今日の授業で気になった瞬間は...」とまずは漁師が網を投げるように大きく問うてみるのもよいでしょう。次章で詳述しますが、ジャーナルを書く場合ならば、授業前に自身に教師としての挑戦課題を課して実践し、そこを中心にふり返りを行うのもよいでしょう。指導案作成段階で立てる二種類の目的(学習目標：learning objectives と指導目標：teaching objectives)のうち、特に teaching objectives はふり返りのポイントになります。幾つか例を挙げてみます。

1) I would like to manage time so that I can finish all the activities I plan.

2) Today I will pay attention to Shinji's learning process to know if he is

learning alright.

1)では、今日の課題は時間配分ですから、この点で問題を探ります。2) はある生徒の学びのプロセスに注意を向けるですから、全体を見ながらもある特定の生徒の学びの状態について観察する自分をテーマとします。

Freeman は彼のグループが提唱する Inquiry cycle というリフレクティブ・プラクティスの実践において次のような問いのフレームを提案しています。

What can I do for ［　　　］ to ～　?

例えば、What can I do for students to pay attention to me while I'm speaking?　と置くとします。すると話をいかに生徒にとって意味のあるものにするかという問いにおいて、現在の自身の実践上の問題を探るというプロセスが立ち上がります。メンターや教師が話の中で他者の視点から問いを与える場合もあるでしょう。問いは実践をふり返るための虫メガネのようなもので、それを糸口として問題の探索が始まるのです。

記述（Description）：

記述は授業実践研究におけるデータコレクションのプロセスと言えます。よって記述のプロセスそのものが持つ意味は小さくありません。それは仲間やメンターとの間で始まる語りであるかもしれませんし、ティーチング・ジャーナル（授業日記/日誌）として書く場合もあるでしょう。その日の授業をふり返りつつ何気なくも心に引っかかっている瞬間を取り出して書いていきます。あるいはメンターに最近うまくいかない授業について話を聞いてもらっているうちに「そうだったんだ。もうちょっと話してみて。」というところから語りが始まるかもしれません。メンターのこうした質問を機に記述は段々と深く詳しいものになっていきます。その中で自分自身では気がついていなかった小さな事実が新たに記述されていくことにもなります。言うなれば、これは自身の内なる声、声なき声に気がついていくプロセスと言えま

す。"How do we become aware of our own unvoiced voices?" という自身への探索はまさに記述から始まると言えます。それは、終わることのない探索的記述なのです。

解釈/分析(Interpretation/Analysis)：

　記述したことについて様々な解釈をしていきます。解釈のキーワードは「できるだけ幅広く」です。つまり多様な解釈に自らを開いておくということです。便利なのは「理由は A なのかもしれないし、ひょっとして B なのかもしれない」という風に。教室の中の出来事は混とんとしていて一義的な解釈に全てを当てはめてしまうことはリフレクションを貧しいものにしてしまう可能性があります。1 つの解釈に納得してもまた後日考えてみると別の解釈の方がしっくりくるということも往々にして実践者は経験することです。解釈はできるだけ広く間口を開けておくのです。これは現象学における還元的態度と通底する点です。それはまた、実践者の授業実践研究が因果関係のパラダイム上に乗っかった原因の特定とは目的も意味も方法論も異なるということでもあります。

フィードバック(Feedback)：

　対話の中で記述が立ち上がる場合にメンターが心がけるべき重要なことが 1 つあります。メンターは、自身が返すフィードバックに可能な限り解釈、判断、分析的見解を差し挟まないということです。なぜでしょうか。経験学習においては学習者が学びの主体となります。学びのイニシアティブは可能な限り学習者の手に委ねておくようにメンターは心掛ける必要があるのです。「それは素晴らしい実践ですね」「ダメじゃない」とか「君はこうした方がよかった」「〜であるからこういう方法を取るべきだった」というフィードバックを返されたらあなたはどのように感じるでしょうか。その瞬間にメンターはあなたの上に立つ存在となりますし、学びはあなたの経験の中で自由に探索できるものではなくなります。これはジャーナルを他者と共有する場合も同じです。書き手にフィードバックを返す時、相手に対して「ああす

れば、こうすべき」という強いアドバイスは可能な限り控え、必要な場合には「こういうことも可能かもしれないけど」程度に留めます。

　一方、傍目八目と言いますがメンターには実践者が気づいていないところが見えているものです。そういう時は直接問題点を指摘するのではなく、「〜の点についてもう少し話してみてくれない？」とか、「この生徒にとっては〜はどう感じられていたんでしょうね」のようにプロンプトを向けて、さらなる探索的記述を促します。リフレクションの主役はあくまで実践者であって、メンターはただリフレクションのファシリテータとしてのみそこに存在するのですから。

　以上、リフレクションの4つの基本的技術について述べました。リフレクティブ・プラクティスのモデルは幾つもありますが、その種類の如何に関わらず、そのプロセスで用いられる基本技術や段階は相互に関連し合い、経験を含めて全体としてリフレクションという営みをなしていると考えられています。リフレクティブ・プラクティスがシステマティックな経験の分析法であるというのは、以上述べて来たように分析方法を段階ごとに使い分けて意味理解をはかるということに他なりません。

4.4　おわりに

　本章では2つのことを行いました。1つはリフレクションの理論的検討、もう1つはリフレクションの具体的方法論の説明です。

　まず、リフレクションという行為の概念の曖昧さを切り口に、様々な定義を検討しつつリフレクションとは何かについて特徴となる概念を取り出しました。その上でリフレクションが向かう対象としての経験とは何かについての理解を深めるべく、様々な視点から経験概念を検討しました。これでリフレクションと、それが意味解釈のために向けられるところの経験の両方がどのようなものか明らかになり、その結果リフレクションがとても広がりのある概念であることが分かりました。さらにリフレクションを行う次元として存在論、認識論、方法論の3つの次元を紹介しそれが研究方法論の決定に深く関わることを示しました。

　次にシステマティックな分析プロセスとしてのリフレクションに必要な技術について検討と解説を行いました。

　次章では、これまでに述べた技術を使いながら、異なる文脈や目的における具体的な実践方法に論を移していきます。

引用文献

Bolton, G. (2014) *Reflective Practice*. London: SAGE Publications.

Bruner, J. (1996) *The Culture of Education*. Cambridge: Harvard University Press.

Dawson, K. and Kelin, A. Daniel (2014) *The Refexive Teaching Artist*. Chicago: The University of Chicago Press.

Dewey, J. (1910/1997) *How We Think*. NY: Dover Publications.

Dewey, J. (1938/1970) *Experience and Education*. New York: Touchstone.

Finlay, L. (2008) Reflecting on ʻReflective practiceʼ, PBPL paper 52.

Geertz, C. (1973) *The Interpretation of Cultures*. NY: Basic Books.

Guba, E. and Lincoln, Y. (1994) Competing paradigms in qualitative research. In N. Denzin and Y. Lincoln (eds.) Handbook of Qualitative Research, (pp.105-117). London: Sage Publications.

Johns, C. (2013) *Becoming a Reflective Practitioner*, 4th edition. West Sussex: UK

Kemmis, S. and McTaggart, R. (1988) *The Action Research Planner*. Victoria: Deakin University Press.

Kinsella, E. A. (2009) Professional knowledge and the epistemology of reflective practice, *Nursing Philosophy* 11 (1), pp.3-14.

Kohonen, V. et al. (2001) *Exeriential learning in foreign language education*. Essex: Pearson Education.

Kolb, D. (1984) *Experiential Lerning*. New Jersey: Prentice Hall.

McLaughlin, T. (1999) Beyond the reflective teacher, *Educational Philosophy and Theory*, 31 (1), pp.9-25.

Merriam, S. (2009) *Qualitative Research: A Guide to Design and Implementation*. SF: John Wiley & Sons Inc.

Rodgers, C. (2002) Defining reflection: Another look at John Dewey and reflective thinking. *Teachers College Record*, 104 (4), pp.842-866.

Schön, D. A. (1983) *The Reflective Practitioner: How Professionals Think in Action*. NY: Basic Books.

野家啓一(2005)『物語の哲学』岩波現代文庫

中山元(2000)『思考の用語事典—生きた哲学のために』ちくま学芸文庫

マイケル・ゲルヴェン(2000)長谷川西涯(訳)『ハイデッガー『存在と時間』註解』ちくま学芸文庫

松葉祥一・西村ユミ(2014)『現象学的看護研究—理論と分析の実際』医学書院

〈推薦図書〉

van Manen, Max. *Researching Lived Experience: Human Science for an Action Sensitive Pedagogy*: The University of Western Ontario.
　(現象学的アプローチを教育哲学者であるマネンがその理論と方法論なき方法を語る。)

マックス・ヴァン＝マネン、村井尚子　訳　ゆみる出版、2011 年
　(上記マネンによる著作の邦訳)

木村敏『自己・あいだ・時間』ちくま学芸文庫、2006 年
　(精神医学者が現象学を臨床の基盤的理論として分裂病患者のアクチュアリティにどう迫っていくかが独自の視点で議論される。実践に関わる者にとっての存在論の意味を考えさせてくれる。)

ジョン・デューイ『経験と教育』市村尚久　訳、講談社学術文庫、2004 年
　(伝統的教育と進歩主義的教育を対比しながら教育における「経験」の持つ意味と可能性を議論する。経験主義的学習の基本的スタンスが分かる。)

松葉祥一・西村ユミ『現象学的看護研究—理論と分析の実際』、医学書院、2014 年
　(臨床看護分野で研究指導にあたる著者による現象学的臨床実践と研究について具体的かつ丁寧な解説を施した入門書)

---

[11]　米国、バーモント州、マサチューーセッツ州の例。

[12]　PACT(Performance Assessment for California Teachers, 2007)では、Planning(計画)、instruction(指導)、assessment (評価)、reflection (内省)、academic language development (学習言語の発達)の 5 つの観点が示されている。

[13]　それぞれの文献に見られる代表的なリフレクション概念を引用する。Active, persistent, and careful consideration of any belief or supposed form of knowledge in the light of the grounds that support it, and the further conclusions to which it tends. (1910: 6)

To reflect is to look back over what has been done so as to extract the net meanings which are the capital stock for intelligent dealing with further experiences. (1938:

87)

14　Dewey (1938: 88) には、"...the significance of our everyday experience of the world in which we live" という記述があり、life world に繋がる現象学的世界観が窺われる。

15　職員室で交わされる「あのクラスはよくできる子が多いからよい授業ができる」「モチベーションの低いクラスはダメだ」というようなありきたりの言葉も1つのクラスという文化グループについての短絡的な一般化と言えるかもしれません。何気ないこのような言説の交換の中で、知らず異なるグループの評価が教師集団に共有されていくというシーンには誰しも心当たりがあるのではないだろうか。

16　先述の Rodgers (2002) はデューイに言及しつつ、リフレクションについての誤解を mull over との区別を例に明確に指摘しています。As Dewey defines it, reflection is a particular way of thinking and cannot be equated with mere haphazard 'mulling over' something. Such thinking, in contrast to reflection, is, in a word, undisciplined.

第 3 章　実践としての
リフレクティブ・プラクティス

玉井健　浅岡千利世　渡辺敦子

1.　はじめに

　本章ではリフレクションを促す方法、ジャーナル記述、面談、授業観察、ディスカッション・グループ等の方法を紹介します。各方法の節ではその方法を定義し、その特徴を述べ、なぜリフレクションを促す方法として使われるのかを著します。そしてその方法によりリフレクションを促進するための手順を説明し、留意すべきことを述べます。リフレクションを促す方法について執筆されている論文、本の多くが、例えばジャーナル記述を通してデータを取る研究手法を使うために研究者を対象に書かれています。一方、リフレクションを促進するために、例えばジャーナル記述にどのように取り組んだらよいかについて、リフレクションを実践する教師、教職課程の学生等の実践者を対象に書かれている本はあまり多く見られません。本書は研究者のみならず、実践者を対象にリフレクションを促進するための様々な手法をどのように使ったらよいかを説明します。

2.　ジャーナルを用いたリフレクション　　　　　　　　玉井健

2.1　目的と理由

　ジャーナル・ライティングは実践家を対象とした教育プログラムにおい

て、リフレクションを行う際に最もよく使われる方法です。なぜジャーナル・ライティングが大切なのかの理由を探ることは、リフレクションがどういうものであるか(また、でないか)を理解することに繋がっていますので、まずジャーナル・ライティングの目的を縦軸に、リフレクションという技術はどのようなものを言うのかを横軸に、少し突っ込んで考えてみることにします。

ジャーナルを書く第一の理由は、それが「実践者によって為される 1 人称の授業記録作業である」ということです。記録する作業は、書かなければ忘却されてしまう出来事に、当事者が働きかけ、自身が経験された意味を取り出す行為です。そもそも経験には姿形などありませんから、記録するという営みによって初めて「経験」として言語化され、リフレクション[17] が始まるということです。デューイ(1938/1997)は、"...no experience lives and dies to itself." と言います。これは、「どのような経験もそれ自体で意味を持つわけではない」ことを表わします。よいと思える経験もまたその逆も、内省というプロセスを経て意味を持つ「経験」として立ち上がってくるのです。本書において、授業実践者にとってのリフレクションは実践者の「経験」に向けられると説明していますが、これはリフレクションというプロセスを経て経験を「経験」として立ち上げていくということです。

ジャーナル・ライティングは授業という、教師と学習者の共有する営みにおける腑に落ちない瞬間を経験として語る行為です。本書でいう記録とは経験に働きかけ、その意味を切り出す作業という点において積極的な記録作業なのです。

第二は、リフレクションは記録に終わるのではなく、問いかけ(inquiry)を出発点に自らの実践の意味を対話的プロセスを経つつ深めていきます。このリフレクションは、他者との対話に助けられながら自己との対話を深めてゆく実践の検討過程であるわけです。リフレクションに読み手が必要であるというのはここに理由があります。教師や看護師、カウンセラーのような対人的な職業に就いている実践者は常に自身を相手との関係で観察することが求められます。自分の実践が相手にどのように受け留められているかは分か

らないのです。

　このような自身の実践を相手の視点から考える自己相対化の作業は決して易しくありません。自身の信念に基づいてやっていることに対して自ら問いを立てる作業なわけですから。誰も自分の問題や弱点を積極的に見たくはないわけです。この時、信頼のおけるメンターや同僚、グループでジャーナルが共有されるならば、戸惑いつつもさらに深くリフレクションが進むことになります。書きっぱなしのジャーナルでは、深まるべき理解や戸惑いがそのままに見過ごされてしまうのです。メンターや仲間は知らず互いの経験を共有しあっていて、そこにコミュニティが形成されてゆくのです。そういう意味で、ジャーナル・ライティングは社会形成作用を持っていると言ってもよいでしょう。

　第三は、継続的な記録により実践者だけでなく参加するコミュニティのメンバーのリフレクション技術(reflective skills)が高まることへの期待があります。メンターやコミュニティのメンバーはジャーナルを読むことで相手の経験を理解しようとします。その過程で事態を理解する上で必要なことをさらに尋ね、書き手はそれに答える過程で見えていなかった事実がより鮮明になっていきます。また、返すフィードバックは非指示的(こうすればよいとは書かない)、非評価的(良い悪いを判断しない)、非解釈的(〜だからこうだと自分の解釈を押しつけない)に返すことを心がけることで、リフレクションの主導権はあくまで当事者にあって当事者の理解を深めるために自分がいるのだという姿勢と相手のリフレクションを助ける技術を高めていくのです。

2.2　ジャーナルを用いたリフレクションで使われる技術

　経験学習(Experiential Learning, Kolb, 1984)は経験を学びの資源と考える学びへのアプローチですが、そこではリフレクションは学びの本質的技術と位置づけられています。リフレクティブ・プラクティスも経験を資源とするという点、そしてリフレクションを経験の意味分析をするための本質的な方法と位置づけるにおいて、経験学習に連なっています。リフレクションは経験の意味を読み解くための方法であり、前章で紹介したようにリフレクショ

ン技術には主に次の4つがあります。

> 問い(inquiry)、記述(description)[18]、解釈/分析[19](interpretation/analysis)、フィードバック(feedback)

　ジャーナル・ライティングにおける記録は、リフレクション(内省)というふり返りを通して行われる連続的なプロセスです。それは、問いかけによって疑問を立ちあげ、問いに導かれた記述によってデータを集め、それを分析するという「システマティックな」過程を経ます。デューイはこれを科学的な方法であると捉え、レヴィンはこのシステマティックな過程をアクション・リサーチという形式の実践研究方法として確立しました。

　ということで、ジャーナル・ライティングをすることはそのままシステマティックなリフレクティブ・プラクティスを実践することであり、リフレクションに関わる4種類の技術を磨くことができるわけです。ではジャーナル・ライティングにおけるリフレクションについて、4つの技術がどのように展開されるのかに焦点を当てつつ考えて見ましょう。

　リフレクティブ・プラクティスは、アクション・リサーチの中でも、実践者が自らの実践経験を自らの手で主体的に分析するために行うもの(1人称の語り)ですから、主観や感情も含めて分析の対象となります。当然、その記述はそうした反応をも含めた記述になります。よって記録的記述も、ビデオカメラで授業を記録するように全てを無思考に記録するのではなく、自身にとって疑問となっている瞬間や出来事に絞って行うことになります。

　リフレクティブ・サイクル・モデルを使いながら段階的に考えてみましょう。

　Inquiry(問いかけ)は自らに問いかけながらその瞬間を選び取る作業プロセスです。Munby and Russel(1990)はこうした疑問として浮かぶ瞬間をpuzzles of practice(実践における不可解なこと)と言っています。「今日の授業で気になったところは?」と問えば、心に棘のように引っかかっているけれど自分でもうまく説明できない出来事や問題と思われる瞬間等がフォーカ

図7 リフレクティブ・プラクティスの循環モデル

スされるでしょう。また、授業プランを立てる段階で自身の挑戦ポイントを決めておいてそこを焦点(point of focus)とするのもよいでしょう。苦手な生徒は誰にもいますが、例えば Today I will attend to W.(今日は W に注意を払いつつケアしてみたい)のように目標を決めていたならば、W という生徒とのやり取りやインタラクションを中心に記述してもよいでしょう。

　問いは、リサーチ・クエスチョンのように形の整ったものもあれば、まだ何も整っていない、プリミティブな段階のフワフワした疑いのような漠然とした感情段階のものも含みます。それは授業への失望感であるかもしれないし、怒りという形を取っているかもしれません。実践者としての自分が受け入れられない不全感からくる「どうして〜なのか」という自らの実践への問いかけです。そうです、リフレクションはもうすでに始まっているのです。

　記述(description)は「問い(inquiry)」に導かれます。記述の目的は実践過程での経験を自身や他者の感情的な反応も含めて記述することで、実践研究におけるデータ・コレクションにあたります。

　例：Today I was frustrated at students' weak responses. They looked simply repeating "I don't know." When X didn't respond to my question, I felt I was ignored by him and upset.

（今日は生徒の反応が今 1 つでいらついた。「わかりません」のくり返しばかり。X が質問に答えなかった時、無視された感じがして腹が立った。）

こうしたシーンを描写することは簡単ではなく、ある意味で勇気のいることです。

それが可能となるのは、ジャーナルを共有する仲間たち、あるいは読み手の存在です。Rodgers（2002）はリフレクションは共有されねばならないと言います。それは感情に抗しえなくなった実践者のリアリティを受けとめて他の見方をフィードバックしてくれるのが他者であるからです。1 人で自己を相対化する作業は大変にむずかしいと言わねばなりません。

記述された事実を様々に解釈するのが次の段階、解釈（interpretation）/分析（analysis）です。自身の判断基準や知識や技術の問題点をそれとして浮かび上がらせ、最終的には自身を相対化する過程を通して新しい理解を生む作業です。今までの自身の常識では出てこない考え方を拓くことで可能な限りの解釈を試みてみます。

「自身が〜することで〜という良い結果を生んだから、〜することは効果的である」という原因−結果にとらわれた自己完結的記述を求めているわけではないのです。既成の概念の上に解釈を載せるだけではなく、捉え方そのものを様々に変えてみます。特に教師は自分はこういうつもりで教えていたけれども、学習者の視点からみると自分のティーチングはどのように経験されていたのかという風に。生徒からの質問を遮ったことは誰しも経験していることと思います。時間内に授業を終わらせることが理由ですが、実は自分はその生徒が苦手だったのです。その生徒の質問によって自分は弱みを晒してしまわないかという言葉にもならない不安に流されて、ある生徒の質問を無視してしまう。そこには教えることの学び手としての教師が生徒の質問された瞬間をそのように生きていたのだという新たな意味が埋め込まれていたのです。

ショーンはこの捉えの変容を reframing（とらえ直し）と呼びリフレクショ

ンの過程における本質的なものと位置づけています。自身の見方そのものを疑い、揺り動かし、あるいは停止し、普段の自分の常識では殆ど思わないような見方、例えば立場的転換を行うことで学習者の文脈からの経験分析という視点を持つことでこの reframing は可能になるのです。

　リフレクティブ・プラクティスは予定調和の反対の極に位置します。むしろ予定していてもそうとはならない戸惑いの瞬間こそがリフレクションによる分析の最も面白く、得意とするところでしょう。こうした実践における戸惑いの瞬間は、puzzle of practice と言われます。こうした明確な問題の「とらえ」は日々のジャーナル・ライティングでそれは起こらないかもしれません。むしろ継続的に分析がなされる中である日「ひょっとしてこういうことか」と分かるかもしれません。筆者の実践でも往々にして新たな気づきはそのようにして現れてきました。そのためにも常に様々な方向から自らの判断基準である Teacher belief を揺らし続けることが必要となります。メンターや仲間がいるコミュニティでリフレクションは行なわれたほうがよいというのはそういう理由によるのです。何が得られたかというよりも、リフレクションというプロセスをどのように行うかがリフレクティブ・プラクティス実践過程の本質的部分なのです。

　こうした経験の意味のとらえ直しを促す役割をするのがフィードバック（feedback）です。フィードバックは self reflection（自身の内省）に対する他者の声と言えます。フィードバックをするには幾つか留意点があります。特に安心して書け、共有できる環境を維持することが大切です。基本的に気をつけるべき留意点は次のようなものです。英語で書いた場合の記述例を付記します。1)、2)、3)はこういう文は書かない方がよいという例です。

1）批判的コメントは書かない。

　　I think you have made a serious mistake then. You shouldn't have thrown such critical comments to students.

　　（その時にひどいミスを犯したね。そんな厳しいコメントを生徒達に投げつけるべきではなかった）

2）指示的なコメントは避ける。

　　You should talk to the student in the next class.

　　（次の授業でその生徒に話をすべきだ）

　　　＊この文は should を could に代えることによって選択しうる案の
　　　　1つとなります。書き手がアドバイスを求めている時には、
　　　　"Probably you could〜." と書くとよいでしょう。

3）解釈・判断の押し付けはしない。

　　I don't think it is an effective way of teaching new words.

　　（それが新しい語彙を教える効果的な方法とは思わない）

4）相手にもっとはっきり書いて欲しいところはそのようにリクエストす
　　る。

　　Could you tell us what you did for the student then? How did the
　　student respond to you?

　　（その時生徒のために何をしたか話をしてくれないかしら。でその
　　生徒はどのような反応を見せたの？）

5）読んでいる時に相手の経験に苦しさや怒りを自分が感じたら、そのよ
　　うな共感は書く。

　　I understand how upset you were then. I have a similar experience.

　　（あなたがその時にどれくらい慌てていたかわかるわ。私にも似た
　　ような経験があるし）

6）同じ経験について自分は他の視点から見ることで別の解釈を書けるな
　　らば、別の解釈としてこのようなことも考えうると可能な解釈の1つ
　　として返す。

　　Your student might have felt embarrassed about forgetting the home-
　　work.

　　（あなたの生徒は宿題を忘れたことがとても恥ずかしくて慌ててい
　　たのかもしれない）

2.3　記述例と解説

　では具体的な記述例を見てみましょう。ジャーナルは日本語で書いてもよいのですが、英語で書く練習をすることによって、世界中どこに行っても実践者としての経験を他の実践者と分かち合うことが可能になります。実践者としての心の底の悩みや問題を英語で表現できるようになれば、日本の文脈においても ALT(Assistant Language Teacher)とのチーム・ティーチングをする場合に彼らの悩みを聞いて相談に乗ることも可能になります。

A 先生の記述：

> When there are too much of these student discipline matters[20], how can teachers prepare their lessons? When I'm too much obsessed with school work I need some time to cut out the burden and feel refreshed. Do the student sometimes feel this way?...
>
> (あまりにも生徒指導の問題が多いとどうやって授業準備をするというのか。学校の仕事に忙殺されている時は重荷を取って気分を変えたいと思う。生徒も同じように感じているのだろうか。)

Feedback：

> [w]e know that you are the one who is facing these students as a teacher in position, which means you cannot get away from them (and parents...)...(中略)　[y]ou are desperately tired and worn out. Much more than that, I sense your anger (with your work, probably), and there are very good reasons for you to get angry. (Ken)
>
> (先生が学校で生徒指導担当としてそうした生徒と向き合っておられるというのは知っています。それは生徒達や(親)から逃げたくても逃げられないということでもあるのでしょう。先生はとても疲れていらっしゃるのですね。しかも怒ってさえいるように感じます。そして先生が怒るには十分な理由がそこにあるのですね。)(Ken)

　A 先生の記述はある意味衝撃的に感情的な思いの吐露です。それほどまで

に強く感じられている思いです。中学校現場のむずかしさの中でのもがきや苛立ちが伝わってきます。読み手としての僕はそれを受け止めなければと感じましたし、それを共感としてフィードバックしました。もちろんそれでA先生の問題の何が解決するわけでもありません。しかし少なくともそのメッセージを受け取る人間がいることはジャーナルに残るわけですし、同時にこのフィードバックは他の参加者とも共有されるわけです。

　次にB先生の記述を見てみましょう。B先生は、この時小学校の英語活動に関わっていてその年初めてALTとのティーム・ティーチングで英語を教えることとなり、彼女とのコミュニケーションや教材作りに腐心していました。

B先生の記述：

> ... I sometimes think that her lesson was too difficult for my children, but I can't tell her. At the same time, I can understand her feelings. [a] mother told me that the child said that English classes are difficult and not fun. I know that we need to talk more about the class. This is my challenge. Communicate with ALT and think about lessons. I'll tell the current situation of children to ALT... Also, I'd like to respect her opinions.
>
> （私は彼女（ALT）の授業は子どもたちには難し過ぎるように思います。同時に彼女の思いも分かるのです。（中略）ある母親が言うには英語の授業が難しすぎて面白くないと子どもが言っていると。もっと授業について話し合わなくてはとは分かっているのです。これは自分にとってのチャレンジです。ALTと話をして教材について考えること。子どもたちの現在の状況について話そうと思います。同時に彼女の意見も尊重したいと思うのです。）

Feedback：

> I know teachers who work at elementary school don't have enough time to talk about the content of the lesson. Looking back on my experience as a beginner of teaching, I had a similar incidents like you. (Makiko)
>
> （小学校で働いていらっしゃる先生方が授業内容について話し合う時間

がないというのは知っています。私も新米教師の頃似たようなことがありました。）（Makiko）

Communication with ALT is a big issue for Japanese teachers... How JT can share a fair feedback of the class is a good challenge. I wonder if you have ever asked her the difficulty she（ALT）experiences during the lesson.（Ken）

（ALT とのコミュニケーションというのは日本人教師にとっては大きな問題ですね。日本人教師がどうやってフェアなフィードバックを共有するかという問題。今まで彼女と授業中に経験したむずかしさについて話をしたことはおありでしょうか？）（Ken）

　B 先生は小学校の英語活動で ALT とのティーム・ティーチングを始めたばかりで、どのようにすべきか自分自身の役割をも含めて悩んでいます。自身の英語にあまり自信があるわけでもなく、教材選定はまずは ALT 主導になっていたのでしょう。その狭間で難しすぎる英語の授業に生徒は戸惑っているという声が親から聞こえてきました。B 先生も教材について何とか ALT との話し合いを持たねばと思い始めている時です。

　フィードバックは仲間の先生が自分にも同様の経験があることを寄せています。僕は B 先生の悩みを理解しつつ同時に ALT も教師として悩んでいるのではないかと思いました。そこで何気なく、ALT をこわいと思うのではなく、B 先生と同じように悩む存在として ALT をとらえられないかと思い、I wonder if 以下の質問を投げてみました。B 先生はこの後 ALT と話合いをするようになり、自身も教材作成にアイデアを出すようになったということです。

2.4　まとめ

　ジャーナル・ライティングは言うほど簡単ではありません。最大の敵は「面倒くさい」ことです。私のジャーナル実践は授業という枠組みによって支えられているのも事実でしょう[21]。しかしジャーナル・ライティングのプ

ロセスにはリフレクティブ・プラクティスのすべての要素が含まれていることがお分かりになったと思います。

授業計画－実践－問いかけによる問題の探索－記述－解釈/分析

そしてこのプロセスが共有されることによって、どれだけ経験についての理解が変わり、それまでの理解の根拠となっていたティーチャー・ビリーフが書き換えられていくか、他律的ではない自律的な成長のヒントはそんな毎日の水やりのような営みにあるのだと思います。教師の自律(teacher autonomy)とは、理論や方略学習によって外からもたらされるのではなく、あくまで自身の手による仲間との協働の中でじっくりとそだっていくものだと思われるのです。ジャーナル・ライティングの面倒くささはそれだけの学びが待っているということの裏返しかもしれません。

3. 面談で行うリフレクション　　　　　　　　　　玉井健

3.1　目的と理由

リフレクションは経験をふり返る行為であり、そこから意味を取り出しつつ、自身の判断の根拠を意識化してゆく行為と考えられます。前章で取り上げたリフレクションの特徴の1つにリフレクションは協働的に行われる、あるいはメンターによるガイダンスが必要であることが挙げられていました。リフレクションの過程を面談で行うことにはどういう意味があるのでしょうか。Rodgers(2002)は Hawkins(1974)による教師と学習者、学習項目との関係を I-Thou-It Model として表しました。私はこれに critical self(批判的自己)とメンターを加えて使っています。

図8は、教師と生徒との関係、また教えたいと思う内容との関係や文脈、対自己関係を俯瞰的に眺めるのに便利ですので、これを使ってリフレクションの協働的側面について考えてみましょう。中心の I は教師としての自分、Thou は学習者、It は教授項目を表し営みとしてのティーチングは文脈に位

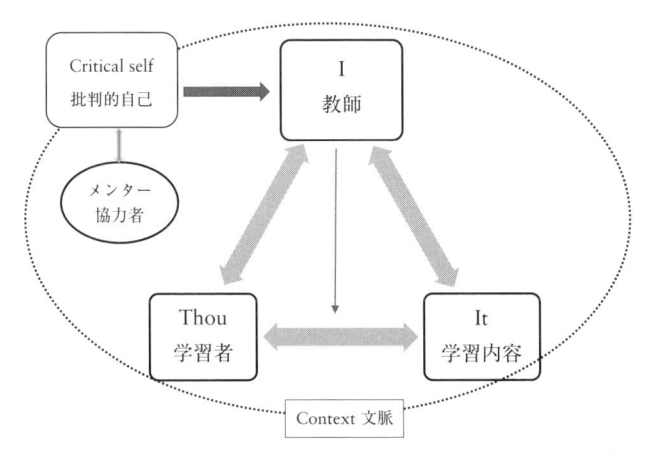

図 8　Hawkins の I-Thou-It モデル（Rodgers（2002）を一部改変）

置づけられています。リフレクションは経験にアプローチして様々な意味を
引き出し、自身がどのように教えそれを学習者がどのような経験として受け
止めているかを探る分析です。その最大の眼目は自己の相対化によるティー
チング理解です。リフレクティブ・プラクティスでは、質的研究として「主
観」を材料とすると謳いますが、それは決して主観の語りをそのままの意味
として受けるのではありません。むしろ、その語りの背後にある、あるいは
根拠となっているティーチャー・ビリーフが何なのか、どのように働いてい
るのかを追求します。そのために必要なのが批判的自己（critical self）です。

　ただ自己を批判的に観察し記述、解釈することのむずかしさは誰しも経験
していることと思います。自分の実践における問題点を探っていく行為には
勇気が要りますし、その過程で感情的自己に相対することにもなりますし当
然のように苦痛を伴います。リフレクションの必要性が喧伝されつつもそれ
が広まらないのは、このような自己に相対することの難しさの裏返しでもあ
るわけです。逆に言えば、そうした過程を伴わないリフレクションはどれだけ
やっても本質的な深まりを持った理解に到らないということにもなります。

　この自己対峙の問題を解決してくれる方法が協働性をもったリフレクショ
ンです。協力者の適切な媒介によって、経験への対峙はより客観的に、より

心理的負担の少ない、時にハッとするような理解の道筋の開けが体験されるようなものになります。図8では、メンターあるいは協力者が実践についてのリフレクション・プロセスを媒介的に支援する役割が示されています。

3.2　必要な方法と技術、協力者の役割

まずは方法ですが、面談は基本的に前章で紹介したリフレクティブ・プラクティスの循環モデルに則って行います。

このモデルはリフレクションのシステマティックなプロセスを表します。つまり、経験に対してどのようなステップを踏んでより深い理解を得るかの手順です。実はジャーナル・ライティングであれ、面談によるリフレクションであれ、あらゆるリフレクティブ・プラクティス実践はこの循環モデルに則って行われるのです（モデルによって構造や順番に異なりはありますが）。ここでは、面談者は仮に学校現場で教える実践者であるとして話を進めます。

メンターに必要な技術はその役割から自然に導かれます。ではメンターの役割は何か。実践者のリフレクション・プロセスへの支援的参加です。つまり実践者のよりよい実践理解を共通目標として、リフレクションの主導権は実践者に預けたまま、リフレクションを共にして多様なフィードバックを通

図7(再掲)　リフレクティブ・プラクティスの循環モデル

じてより豊かで深い理解へのプロセスを共有することです。あくまで協力者の立場ですから、リフレクションの結果としての問題解決や効果、変化は役割の視野には入れません。

　以上の役割を念頭に置いた時にメンターに求められる技術はどのようなものがあるでしょう。ここでの技術とは個々の技術だけではなく、それを支える態度やスタンスといったものをも含めます。基本的な技術は 3 つあり、1 つはリラックスして信頼される人間関係を作り維持する技術。2 つ目は聞く技術であり、もう 1 つはフィードバックの技術です。

　まず第一に、平等で信頼感のある関係づくり。メンターはあくまで協力的参加者ですから権威的な態度は慎みます。どれだけ自分がよく知っているかとかこうした方法論が役に立つとかは相手との間に上下の力関係を作り上げてしまうだけです。全くの平等とはいかなくとも、さりげなく自分は今日あなたのためにここにいますよ、という雰囲気がそこにできればよいと思います。

　第二に、聞く技術です。相手の心にあることを理解しようと、注意深く耳を傾けて聞くという意味で傾聴(attentive listening)とも言われます。この時まだ言語化されていない経験は、言葉となって出てきますが、そこには様々な感情が伴っています。聞き手はそうした感情も話し方も全てが語りの要素である意識を持って聞き、不明の所は言い換えて意味を確認したり質問をしたりしますが、安心して話を続けてもらうために意見は差し控えます。語りはリフレクティブ・サイクル循環モデルの第二段階の記述に当ります。共感しつつも批判や意見は差し控え、実践者が起こったことを多面的に記述できるようにフィードバックを返しつつ聞きます。

　第三は聞きながらフィードバックする技術です。まずは慎みたいフィードバックについて。面談でメンターは非指示的(non-directive)かつ非判断的(non-judgmental)なスタンスを保ちます。非指示的とは相手に「あなたは〜した方がよい、〜すべきでは」のような問題解決に繋がる具体的アドバイスを慎むことを指します。また非判断的とは「それはこういうことが原因でしょう、ここが〜だから〜なのです」というような解釈の押しつけに繋がる

フィードバックを指し、これを慎みます(「2.2　ジャーナルを用いたリフレクションで使われる技術」参照)。それはこうした聞き手の解釈を反映するフィードバックは実践者の自律的なリフレクションを阻害すると考えるからです。これはカウンセリングを創始したカール・ロジャースの Person-centered approach(人間中心アプローチ)にその概念は通じています。

　フィードバックは記述段階と分析/解釈段階では異なります。記述段階では、特にポイントとなる所がどこなのかを探りながら、話し手の記述が詳細になるように支援し理解の確認を行っていきます。基本的には次のような言葉で理解の確認をしつつ話を繋いでいけばよいと思います。

Are you saying that students looked confused with your instruction?
So you mean that the boy showed no response at all to your question?
Could you tell me a bit more about the moment?

　十分に記述が行われた後、分析/解釈に移ります。分析/解釈段階では、メンターも様々な解釈を提供しますが、あくまで 1 つの解釈としてこういうものもあるかもしれない、というモードで提示します。その解釈の採否はあくまで語り手が決めるわけです。英語で行う場合は次のような表現がよいでしょう。

I wonder if the student were not prepared for your question.
I wonder if he was afraid of being looked stupid in class.

アルファベットを見ても単語が読めない生徒について考えている時に

It might be possible that the student was totally at a loss of how to pronounce words.
I wonder if you have ever thought of his problem of not being able to pronounce words.

　こうした確認や問いは、語る当人にとっては、自分が発した言葉がもう一度返されてくるわけで、そこでそのようなことだったのか、事実や意味の吟味が行われます。その過程で今まで思いつかなかった理解が生まれるのです。

3.3　面談によるリフレクションの例

　エピソードを1つ紹介します。

　　Y先生は中学校で英語を教えていますがある年、校長の依頼で自閉症児の学級の担任となりました。Y先生は障がい児教育を専門としていたわけでもなく、学習に大きな問題を抱える生徒達と毎日相対することに苦痛を感じていました。教師としての自分の役割が見えないことが悩みでした。面談でY先生は自閉症児との毎日がどのようなものかを話してくれるのですが、ある日K君との出来事を話し始めました。パソコンでゲームをしていたK君が突然Y先生の所へやってきたかと思うと肘をつかんでコンピュータの所へ連れていきます。K君はY先生の手をマウスに乗せて動かします。何か問題があるらしいのですが、画面に問題はなく何をしてほしいのか分からないまま、Y先生があれこれやっているうちにボリュームボタンが立ち上がりました。その途端にK君の反応が変わり、彼はY先生を押しやって音を変化させるボリュームボタンのカーソルを自分で確認するように動かして変わる音を楽しんでいたようだったというのです。その時に面談者の私は「Yさん、K君は本当に学習ができないのだろうか」という問いかけをしました。「ひょっとしてK君はボリュームのカーソルを探すためには貴方の力が必要で、彼の学びのリソースとして貴方を使ったという理解もあるかもしれない」。私の解釈ですが可能性の1つとして提示しました。Y先生は、しばらく黙っていましたが、「私は教師は教えるものだと思っていたけれど、それは私の思い込みでしかなくて、生徒たちは自閉症でも、皆自分で学ぼうとしているのかもしれない。自閉症の子たちが勉強できないと思っているのは私を含めた教師たちなのかもしれない」というよ

うな理解を示しました。そしてしばらく後の面談で新たにTさんの学習について報告をしてくれたのです。

　ある日の授業で 20 分ほど授業時間が余ってしまったYさんは、お絵描きが好きなTさんに白紙の紙に4つの枠を作って、絵本のキャラクターを描いてごらんと言って与えたそうです。Tさんも自閉症児で教師たちは学習などはほぼできないと思われていたそうです。ところが色鉛筆を持ったTさんは一生懸命に書き始め、2枚目を要求し、とうとう桃太郎のストーリーを一気に描き上げてしまったというのです。驚いたのは職員室の教員たちだったと。Yさんは子どもたちの潜在的な学びの力に無知なのは自分を含めた教師たちの方であって、子どもたちにはそれぞれ素晴らしい学びの世界があったのだと自閉症の子どもたちに気づかされたと言います。

　結果的にY先生の学習者についてのティーチャー・ビリーフが1つ書き換えられたわけですが、これは一回きりの面談で起きたことではありません。何回ものY先生との面談のくり返しの中で偶々ある何気ない出来事が

1) An old lady found a peach. When she cut it open, Momotaro (a peach boy) was born.

2) Momotaro decided to punish bad goblins with a dog, a bird and a monkey.

図9　Tさんが描いた桃太郎のストーリー漫画(Yuge, 2015)

問題となり、それを再解釈していく中で今までの解釈とは異なる解釈が、異なる前提のもとで生まれたわけです。

3.4　まとめ

　Y先生の面談を通して協力者としての私はKくんやTさんを大変身近に感じるようになっていました。Y先生のリフレクション過程に協働的に参加するということは私自身がY先生の世界だけでなく、K君やTさんの世界を探るわけです。現象学的アプローチのいう存在論的なレベルでの理解とは、それぞれの学習者がその世界の中でどのように在ろうとしているのか、世界とどのように関係を結ぼうとしているのか、どのように学ぼうとしているのかを理解しようと追求することと言えます。この追求の過程を実践者とともに行うわけです。

4.　授業観察を用いたリフレクション　　　　　浅岡千利世

4.1　授業観察とは何か

　授業観察とは、実際に授業が行われている教室現場に参加し、授業実践を観察することによって学ぶというリフレクションのためのツールの1つ（Wajnryb, 1992）で、様々な方法があります。実際に教室を訪れたりワークショップに参加したりして他の教師の授業を直接観察することもありますが、市販されている録画された授業などを観察することもあります。いずれの場合でも授業に観察者として参加することによって、教師の成長の糧となりうる経験や実践を幅広く認識したり分析したりする機会を得ることができます。特にふり返るべき自分の授業実践の場があまりない教職課程履修生の場合、他の人の授業実践を観察することは教師の成長過程において欠かせない要素です。経験豊かな教師や同僚、あるいはクラスメートの授業実践を観察し、ふり返ることを通して何らかの新たな知見を得ることができるからです。さらに、自分の授業実践を録画し、映像としての記録を残した上でふり返ることもリフレクティブ・プラクティスの1つの有効な手段であると言

えるでしょう。もちろん、観察や録画そのものは無思考な記録に過ぎませんから、実践をふり返って問いかける過程が大切です。この節では自分以外の人の授業実践の観察と録画した自分の実践の観察の両方を合わせて「授業観察」と呼ぶことにします。

4.2　なぜ授業観察か

　教師が授業観察を行う理由として次の 2 つが挙げられます。まず、自分がどのような授業を行っているのかについて時間をおいてふり返り、自ら問いかけて気になる瞬間を切り出すことの手助けになるという理由です。もう 1 つは授業を観察し、ふり返って分析し、解釈するという力を得ることが新たな気づきにつながる、という点です。

　実践の場がまだ少ない教職課程履修生の場合は、他の人の授業実践を観察し、ふり返ることはリフレクティブ・プラクティスの導入として取り入れやすい活動といえるでしょう。授業の観察を通して自分があるスキルやアプローチを用いて実際にその授業をやったかのように代理的経験を得ることができるからです。このように、同僚やクラスメートの授業実践の観察はその人の授業を単に評価したり批判したりするためではなく、様々な授業実践のあり方や、やり方について中立的な態度をもって認識し疑似体験することがまず大きな目的です。たとえば同じ到達目標をもって授業を行ったとしても授業者によってやり方が異なったり、授業を受ける生徒によって反応が異なったりします。その場合、自分ならこう教えるけれども、ああいう風に教えるのはなぜなのだろうか、という問いや、この方法や流れで教えると生徒はこのようなスキルを習得できるのだというような気づきにつながります。

　より具体的な例を挙げてみましょう。ある教育実習生は教育実習後に次のようにふり返りました。実習前、大学の教職課程の授業では 1 人で授業を行うことを想定した模擬授業しか体験をしていませんでしたが、教育実習中に ALT と組んでティーム・ティーチングを行うことになりました。その時の実践をふり返り、その実習生は「英語科教科教育法の授業でクラスメートがティーム・ティーチングを想定して行った模擬授業を思い出し、どのよう

に授業を組み立て、どのようなやり取りを ALT と行っていたか、そしてその授業の後にクラスメートとふり返ってどのようなことを話し合ったかを考えたことがとても役に立った」と述べました。この例が示すように、様々な授業の観察と分析を代理的体験としてもっておくことは、授業を教える際の知識、技能やその解釈の「引き出し」(repertoire)をより多くもつことにつながり、後々必要な場面でそれらの引き出しが授業の役に立つことがあるのです。

　この「授業観察は自身の授業をふり返って気になる瞬間を切り出す」という目的は、授業を観察する側だけではなく、授業を実践し観察される側にも明らかにしておく必要があります。授業実践者は観察されると思うと身構えてしまい、授業をいつものように実践できないことが多々あるからです。これは教科教育法の授業などで行われるマイクロティーチングの際にも言えることです。ピアであるクラスメートに批判されることを恐れて極度に緊張し普段通りの授業実践ができない教職課程履修生はよくみられます。単なる批判的評価のためではなく、授業実践とその分析・解釈を共有し成長するために授業観察を行う目的をお互いに理解しておく必要があります。

　一方、授業実践を観察してふり返って問いかけることは新たな気づきや解釈、理解につながることも多いため、教師として成長していく上で大変重要な過程といえます。自分の授業実践について後で記憶から思い出してふり返ることもできますが、自分なりの主観的解釈で終わってしまったり、重要な場面だったのに詳細を思い出せないこともあります。そのような場合、授業を録画しておくと、実際に教室の中で何が起こりどのような授業の流れの中で起こったのか、その実践の一部始終をあるがままに記録できるため、のちに行う授業の分析と解釈がより、やりやすくなります。

　授業を観察しながら問いかけて切り取りたい瞬間や出来事を選んでもよいのですが、Richards and Lockhart(1994)はふり返りの際にどの場面や観点に焦点を当てるかをあらかじめ決められることを録画授業の観察のよい点として挙げています。教師が実際に使用した教室英語の内容や教師の指示出しに対する生徒の反応など様々な場面や観点が考えられます。また録画によっ

て何度も見直すことや授業実践中は気づいていなかった教室内の様々な事象や無意識に行っていた行為や習慣にも目を向けることが可能になり、新たな気づきにつながりやすくなります。

　もちろん、授業録画の観察によるリフレクションにも限界はあります。授業全体を細部に渡り記録できるとは言っても、生徒1人1人の様子をすべて記録することはもちろんできませんし、授業全体のどの部分を切り取って撮影するかは撮影者次第とも言えます。また、機器の準備や録画授業を見た上でのふり返りには時間がかかりますので、日々継続して行うことは効率的ではないかもしれません。そのため、教科教育法の授業内での模擬授業、教育実習中の研究授業、新任教師の研修など、特別な目的がある場合に録画をすることから始めるとよいでしょう。

4.3　授業観察の方法

　前述したように、Richards and Lockhart(1994)は授業観察の前に何に焦点をあてるかをあらかじめ決めておくとリフレクションがやりやすくなると言っています。また他の教師の授業を観察する場合は、その前にその教師がどのような指導観や生徒観を持ち、その授業の達成目標をどのように設定しているかについて理解しておくことも大切です。その上で、授業の流れや構成、教師の問いかけと生徒の反応、教師の指示出し、時間配分、など観察の観点をある程度決めておくことによってただ漫然と観察するのではなく、自分にとって疑問や問題点となる瞬間にフォーカスがしやすくなるでしょう。Farrell(2015)は次のような項目を授業観察のための観点の例として挙げています：

　　・教師による時間管理(例：どの活動にどのくらい時間をかけるか)
　　・生徒のタスク中のパフォーマンス(例：生徒の使うストラテジーやインタラクションのパターン)
　　・教師のインタラクションの範囲(例：どの程度、どの生徒とインタラクションをとるか)

- 教科書の使用(例：どの程度教科書を使用し、どの程度教科書以外のことを教えるか)
- ペアワーク(例：生徒の反応やペアワーク中の発話)
- グループワーク(例：母語と対象言語の使用、グループにおける役割)
- 生徒のインタラクション(例：コミュニケーションを促進・阻害する座席配置)
- 授業の構成(例：活動の種類やその効果)
- 授業内のコミュニケーション(例：教師の質問の内容、教師と生徒の間のコミュニケーションのパターン)

　この他にも、必要や目的に応じて視線や姿勢、声などの非言語情報に焦点をあてて観察することも可能です。また教職課程の授業内での模擬授業では、授業観察者であると同時に生徒役として授業に参加することもあります。授業観察の目的や観点によって、どの立場でそして教室のどの位置で授業を観察すればよいかを考えてみましょう。

　直接的な観察であれ録画授業の観察であれ、授業実践が始まったら観察者はまず教室の様子を記述します。生徒の人数や座席配置、授業開始時の生徒の様子、教室環境など、後でふり返る際に役に立つヒントが教室内にはたくさんあるはずです。また、授業観察中は授業の流れに沿ってメモを取りますが、自分の主観や自身と他者の感情や反応も記述しておくと後の問いかけや解釈につながります。また観察の観点をあらかじめ決めている場合はそれらと関連付けてどのように何についてメモをとるかを考えておきましょう。たとえばどのタイミングで教師がある指示出しをしたかを観察しその都度、時間を記録する、あらかじめ教師の授業実践行為や場面を項目化し、それが観察できた時点で項目にチェックをつける、板書内容をすべて書き留める、授業中に何が起きたか、どのような環境で授業が行われたかなど気になる出来事をストーリーのように記述する、などです。

　授業観察後はメモを利用してなるべく速やかにふり返って分析や解釈を行います。他の人の授業を観察した場合は、可能な限り授業実践者を交えて行

います。自分の授業実践の録画を観察した場合は、ジャーナルなどへの記述によって1人で行うこともできますがクラスメートや教師教育者、他の観察者などと一緒に複数でふり返ることも可能です。その際にはどのようなフィードバックが授業観察のふり返りに適しているか、ルールをあらかじめ話し合って決めましょう。たとえば、まずは授業実践者に考えを語ってもらう、授業実践者の授業改善に役立つような建設的なコメントを行う、一方的な判断あるいは批判的と受け取られるようなコメントはしない、なぜある授業行動を行ったかを授業実践者が説明しやすいようなリラックスした環境をお互いに共有する、などが考えられます。

4.4　考慮すべき点

　授業観察とは練習や実践を重ねることによって習得し向上させることのできるスキルであると言えます(Wajnryb, 1992)。授業実践を観察して授業に対する理解を深め、また分析や解釈を行う際には直感にだけ頼るのではなく、自分で目的を決めて観察してみましょう。その上で授業中に起きる様々な出来事から選択して記述し、優先順位をつけてふり返り、ふり返った内容を言葉で表現する力を身につけることが重要です。そのためにも教職課程履修者を含む教師は、教職課程の授業や研修などで他者・自己ともに授業観察の練習を積む必要があると言えるでしょう。

5.　ディスカッション・グループを用いたリフレクション
渡辺敦子

5.1　ディスカッション・グループとは何か

　本書でディスカッション・グループ(discussion group)という表現を使用しますが、研究手法としてはディスカッション・グループではなくフォーカス・グループ・ディスカッション(focus group discussion)という表現が一般的に用いられます。フォーカス・グループ・ディスカッションはその実践においてある一定の手順に沿うことが期待されています。この節ではフォーカス・グループ・ディスカッションを研究手法のためではなく、リフレクショ

ンを促す手法として紹介しますのでディスカッション・グループという表現を使います。

　Head and Taylor(1997)は教員養成グループ(teacher development group)を「個人または教師としての成長のために2人以上の教員が協同する協力的で継続性のあるグループの形成」(p.91)と定義しましたが、これをディスカッション・グループの定義として説明をしていきます。この定義からもわかる通り、重要となるのは協力性と継続性です。

5.2　なぜディスカッション・グループか？

　ディスカッション・グループが本章の他の節で紹介したジャーナル記述、インタビュー、授業観察等、他の手法と最も異なる点はリフレクティブ・プラクティスを実践する個人と話をする他者が複数存在すること、また、その他者が基本的に話を聞くこと、促すことに徹するメンターのような役割を持つ個人ではなく、リフレクティブ・プラクティスを実践している他者であり、双方間のやり取りが織りなされるということでしょう。

　ディスカッション・グループはこの参加者双方間のやり取りからの現象(効果)に特徴があり(Ho, 2006；Johnson, 1996)、それゆえにリフレクションを促す手法として有用だと言われています(Farrell, 2001)。グループの中でメンター以外の他者のいるディスカッション・グループは、インタビューなどに比べて話しやすさを感じるかもしれません。また他者とのやり取りにおいて自分の考えを他者に反対されたり、説明を求められたり(Field, 2000；Morgan, 1996；Nishida, 2006)、矛盾点を指摘される(Bryman, 2004)こともあるかもしれません。このようなやりとりにより、考えが変わったり(Field, 2000)、新しい視点を得たりすることもあるでしょう(Nishida, 2006)。そしてこれらの体験により教師としての自己に自信を持ち(Matlin and Short, 1991)、教師としてエンパワーされる(Oliphant, 2003)とも言われています。

　Farrell(2007)は言語を教える教師同士がディスカッション・グループに従事することによる利点として次の点を挙げています。

・1人ではなくグループで考えるため多岐に渡ったアイデアを産出することができる。
・グループが様々な経験の長さを有する教師で構成される場合、新任教師は同じグループ内の経験のある教師から学ぶことができる。
・グループ自体が各メンバーのためにサポートグループとして機能する。
・グループが居心地の良い場を教師に提供し、教師は新しい知識と技術を育み、他者から建設的なフィードバックを受ける場となる。
・グループがメンバーにとって互いに直面しているジレンマ等を解決する場となる。

　最後に挙げられている点に関連しますが、自分と同じ職種を持つ他者から形成されていることにより、不安なこと、また不満に思っていることを話し、理解してもらえるという場でもあります（Watanabe, 2016）。

5.3　実施方法

　ディスカッション・グループに参加するメンバー構成は大きく分けて2つのグループが考えられます。まず1つはメンターのような存在がいて、他にリフレクティブ・プラクティスに従事する複数の個人から成るグループです。具体的な例としては大学で教鞭と取る教員と大学生、または、大学院生、現職の教員等が考えられるでしょう。もう1つはメンターのような個人は存在せずに、参加者全員がお互いを通してリフレクションを促すことを目指すようなグループです。例えば、学内の同僚・学生から形成されるグループ、学外で同じ自治体の教師・学生から形成されるグループ、オンライン上で形成されるバーチャルグループなどが考えられるでしょう。

　メンターがディスカッション・グループの場に存在する場合はメンター自身がディスカッションの中心となることを避けることを念頭に置き、調停役を担うことに終始する必要があるでしょう。調停役は基本的にはディスカッションの様子を観察する立場にありますが、トピックの方向性がグループに

とってあまり建設的ではないと思われる場合、例えばあるメンバーが一方的に話をする、あるメンバーがグループ内の他者を批判する、あるメンバーの愚痴が続く、全く参加できないメンバーがいる等の際、介入をしてトピックの方向性を変えるなどの役割を担います。

　筆者が現職教師をメンバーとするフォーカス・グループ・ディスカッションを研究の一環として行った際に参加者が同じ自治体で教鞭を取っているせいか、最初の頃は批判に時間が長く費やされたことがありました。話の方向性を変えたほうがよいかとも思いましたが、そのまま話を続けてもらいました。リフレクティブ・プラクティスに従事するという過程を考えた際、普段はあまり他者には話すことができないことを話すことができた、また初期の段階だったので共感できるテーマについて話すことがウォーム・アップとなったという効果があったように思います。

　ディスカッション・グループの適切な人数は 6 – 12 人（Morgan, 1996）と言われていますが、目的によりその人数は変わってきます。ふり返りの実践としては 4 人くらいでもよいでしょう。

　ディスカッション内外でのメンバーの役割分担を考えてもよいでしょう。ディスカッション内の役割分担にはリーダー、報告者、タイムキーパー、記録係などがあります。授業の中でディスカッション後に発表をしてもらう場合など、役割分担を決めておくと円滑に報告が行われるでしょう。また、エンカウンター・グループ（encounter group）のように調停者以外の役割分担がないディスカッションという形をとることもできます。

　参加者の職場等が異なる場合、ディスカッション外の役割分担としてグループの運営、継続のために連絡係、会場を決める係など役割分担をしておくことが望ましいでしょう。グループのリーダーとなる個人を決めてもよいですが、グループ・リーダーはディスカッションのリーダーではないことを確認しておくことが重要です。グループ内でルールを決めて確認をしておくことも重要です。ルールとしては例えば次のようなことが考えられます。

・お互いが話したことを「判断」「評価」はせずに偏った判断をしない non-judgmental な姿勢を持つ。
・グループ内で話したことは内密にする。
・グループ内でグループ以外の他者に言及する場合、個人名は挙げない。
・1人のメンバーの愚痴にあまり時間を費やさない。
・グループの目的はカウンセリングではない。
　（Farrel, 2007：Oliphant, 2003）

　ディスカッション・グループを始める時期についてはグループに参加するメンバーが決まればメンバーの都合がつく時、学年期のいつから始めてもよいでしょう。ジャーナル記述や面談等、他の手法と並行して行う場合、他の手法を行う前にまずディスカッション・グループから始めてもよいでしょう。それによりジャーナル記述に記載する内容、また面談で話したいことが明確になることがあります。さらにリフレクティブ・プラクティスに従事するにおいて自分と同じ体験をしている仲間がいることを認識し、リフレクションを促すことについてわからないことを、また不安なことを、他者と共有することができます（Watanabe, 2016）。
　ディスカッション・グループを行う時間は約45分を目安としてもよいでしょう。複数の人数で構成されるため、時間が超過することが考えられますので、ディスカッション・グループの予定は余裕を持って立てることをお勧めします。
　ディスカッション・グループは複数の人数で構成されるので同じ職場の同僚などから構成される場合以外、メンバーが集まる場所を決めることがひとつの困難な点です。全ての参加者が比較的参加しやすい学校または公共の施設などを借りることも考えられます。面談同様、プライバシーを守ることのできる場を確保することが重要です。
　ディスカッション・グループを行う回数については、自分のことを他者に話し、ある程度の自己開示が必要となるため、そのグループ、またグループ

メンバーに慣れて、そのグループの中で自分のことを話すことができるようになるためにある程度の時間、回数が必要かもしれません。回数についてはグループ内のメンバーで決めることがよいのではないかと思いますが、目安としては、1年に3回くらい行うことがよいでしょう。筆者は現在大学英語教員を中心に構成されるふり返りを行うグループのメンバーですが、そのグループは1ヵ月に1回の開催をしています。1ヵ月に1回だとすべてのメンバーが毎回参加することが難しくなりますが、その場合、メンバーの参加に関しては臨機応変に考えてよいでしょう。

トピックはグループのメンバーで決めることが望ましいですが、次のような決め方があります。第1回目のディスカッションの際に話し合いたいことを各自が挙げ、その中から何について話していきながら決める方法(Farrell, 2007)、または達人シリーズのような第三者のビデオを見て、コメントをすることから始めてもよいでしょう(Watanabe, 2016)。トピック例としては「英文法の教え方」、「誤りの訂正の仕方」など授業実践に関する内容からディスカッションを進めることがよいでしょう。エンカウンター・グループのようにあらかじめトピックを用意せずにグループメンバーがその場で思うこと、感じることを話し合う方法もあるかもしれませんが、これは経験のある調停役がグループに存在しないと建設的な話し合いにもっていくのは難しいと思われます。

5.4 考慮すべき点

ディスカッション・グループはそのグループを構成するメンバー間の力関係、グループ・ダイナミクス(集団力学)により織りなされるということをメンターとなる個人、またディスカッション・グループに参加するメンバーが理解するということが一番の留意点です。

近年、対話的な学びが教育における1つの鍵として謳われていますが、Sato and Kleinsasser(2004)が指摘するように協働作業(collaboration)は必ずしも改善または肯定的な教員養成に結びつくとは限りません。グループ・ダイナミクスゆえ、共同イコール協働ではないということを留意する必要があ

ります。

　メンバー間の力関係とは上司と部下という職場における職位のみならず、年齢、経験、性格などにも起因します。Cohen, Manion, and Morrison (2007)は力関係により生み出されるグループ・ダイナミクスのためグループ内で特定の個人が支配的であったり、他の個人が意見を言いづらくなることを指摘しています。

　さらに力関係は様々な違いやいわゆる上下関係のみならず、同調圧力(peer pressure)つまり、「集団において、少数意見を持つ人に対して、周囲の多くの人と同じように考え行動するよう、暗黙のうちに強制すること」(デジタル大辞泉)によって生み出されることがあります。グループの中で生み出された関係性に従うことをお互いに無言の圧力を感じてしまうことがあるかもしれません。

　Grudyはリフレクションのひとつの鍵は他者に順応することではなく、自分で決定権を持つことだと言います(Boud et al., 1985)。ディスカッション・グループが職場、また他のしがらみのあるグループのようにを再現する場となってしまってはその目的に相反します。

　上記にも述べたように最近、現場の学校において「同調圧力」が問題となっています。ひとつの例として学校における部活動の指導が長時間労働につながる原因として考えられているにもかかわらず、職場では部活の顧問を拒否しづらい空気があることが指摘されています。ネットであれば、職場では言いづらいことも発信しやすいと、ネットにおける部活動の指導をめぐる議論が広がっています。この活動はグループとして結成され、オンライン上ではなく、実際に会って話し合いをして会員を増やしているようです(朝日新聞DIGITAL 2017年8月7日)。

　ディスカッション・グループとは現場の教師にとってこのような場であるべきだと思います。同調圧力を感じず、安心して自分の考えていることを表現したり、話し合ったりできる環境が創り出されてからはじめてふり返りをする場となるのではないでしょうか。

6.　おわりに

　第3章ではリフレクションを促すために一般的に使われる手法、ジャーナル記述、面談、授業観察、ディスカッション・グループについて定義し、特徴を述べ、また留意すべきことを述べました。自己の体験をふり返り、言語化する際には口頭、または文章で行うことがあります。また単独で行ったり、他者が存在する場合もあり、他者はピアやメンターであったりします。さらに自身の体験あるいは他者の体験をふり返りの対象とするなど、ふり返りには様々な角度、観点があります。ふり返りを体験する個人の違いがあること、また一個人においても様々な角度からふり返りを体験するために複数の手法を紹介することがよいのではないかと思います。

　この章ではふり返りを実践として行う場合の手法を紹介しました。次の章ではふり返りを研究として行う場合の1つの例を紹介したいと思います。

引用文献

Bryman, A.（2004）*Social Research Methods*（2nd ed.）. Oxford: Oxford University Press.

Boud, D., Keogh, R., and Walker, D.（1985）Introduction: What is Reflection in Learning? In D. Boud, R. Keogh, and D. Walker（eds.）*Reflection: Turning Experience into Learning*, pp.7-17. London: Routledge.

Cohen, L., Manion, L., and Morrison, K.（2007）*Research Methods in Education*（6th ed.）. London: Routledge/Falmer.

Dewey, J.（1938/1997）*Experience and education*. New York: Touchstone.

Farrell, T. S. C.（2001）Tailoring Reflection to Individual Needs: A TESOL Case. *Journal for Education for Teaching*, 27（1）: pp.23-38.

Farrell, T. S. C.（2007）*Reflective Language Teaching: From Research to Practice*. London:Continuum.

Farrell, T. S. C.（2015）*Reflective Language Teaching: From Research to Practice*. London: Bloomsbury Publishing.

Field, J.（2000）Researching Lifelong Learning through Focus Groups. *Journal of Further and Higher Education*, 24（3）: pp.324-335.

Head, K. & Taylor, P. (1997) *Readings in Teacher Development*. London: Heinemann.

Ho, D. (2006) The focus group interview: Rising to the challenge in qualitative research methodology. *Australian Review of Applied Linguistics*. 29 (1) pp.5.1–5.19.

Johnson, A. (1996) It's good to talk: The focus group and the sociological imagination. The Sociological Review 44 (3), pp.517–538.

Kolb, D. A. (1984) *Experiential Learning: Experience as the Source of Learning and Development*. New Jersey: Prentice Hall.

Matlin, M. and Short, K. G. (1991) How our Teacher Study Group Sparks Change. *Educational Leadership*, 49 (3), 68.

Morgan, D. L. (1996) *Focus Groups as Qualitative Research*. Beverly Hills: Sage Publications.

Munby, H. and Russell, T. (1990) Metaphor in the study of teachers' professional knowledge, *Theory into Practice*, 29 (2), pp.116–121.

Nishida, Y. (2006) The Challenge of Multiage Primary Education in Public Education: Case studies in Australia, Canada and the USA (Doctoral Thesis. University of Oxford, Oxford, U.K.)

Oliphant, K. (2003) Teacher Development Groups: Growth through Cooperation. In G. Crookes. ed.) *A Practicum in TESOL*, pp.203–214. New York: Cambridge University Press.

Richards, J. C. and Lockhart, C. (1994) *Reflective Teaching in Second Language Classrooms*. Cambridge: Cambridge University Press.

Rodgers, C. (2002) Defining reflection: Another look at John Dewey and reflective thinking. *Teachers College Record*, 104 (4), pp.842–866.

Sato, K. and Kleinsasser, R. C. (2004) Beliefs, Practices, and Interactions of Teachers in a Japanese High School English Department. *Teaching and Teacher Education*, 20: pp.797–816.

Wajnryb, R. (1992) *Classroom Observation Tasks: A Resource Book for Language Teachers and Trainers*. Cambridge: Cambridge University Press.

Watanabe, A. (2016) R*eflective Practice as Professional Development: Experiences of Teachers of English in Japan*. Bristol: Multilingual Matters.

氏岡真弓(2017)「職員室で話せない部活顧問の本音　ネット通じ議論活発化」朝日新聞 DIGITAL　http://www.asahi.com/articles/ASK7S05K4K7RUTIL02F.html 8 月 7 日アクセス。

[17] Schön(1983)はすでに経験されたことをふり返ることを Reflection on action と呼び、今の瞬間も含めて現在関わっている事柄についてのふり返り Reflection in action と区別しています。Reflection in action は今この瞬間のリフレクションというのみでなく、時間の枠を定めず今自身が関わっていることに従事する中でのリフレクションと考えます。

[18] Kolb では内省的観察(reflective observation)という名称で呼ばれるが、筆者は、観察は記述に帰属する行為と考え、「記述」に含めている。また、記述は単に書くことだけでなく、経験について語ることも「記述」という概念に含めて考えている。

[19] 解釈は分析とほぼ同意に使います。前者はより実践的、後者はリサーチ的なニュアンスが伴うという程度に使い分けています。

[20] 生徒指導の問題。この時 A 先生は中学校で英語を教えていたが生徒指導担当かつ運動部の顧問で毎日遅くまで仕事に忙殺されていました。

[21] ジャーナル・ライティングの授業では英語の作文力は一切問わないことにしています。評価は毎週金曜日の夜までにジャーナルを 1 つ Web 上に載せることと、土日に全員のエントリーの中から 2 編を選んでフィードバックを書き込むかどうかだけにしています。

第4章 研究としての
リフレクティブ・プラクティス

渡辺敦子

1. はじめに

　ここまではリフレクティブ・プラクティスを成長のための実践として行うことを想定して説明をしてきました。この章ではリフレクティブ・プラクティスを研究として行う場合の研究手法、留意点等を筆者がイギリスの大学の博士課程在籍時に行った研究例を通して紹介します。筆者はリフレクティブ・プラクティスが日本の高等学校で英語を教える教師にどのように体験されるかを探究するために、6名の高校の英語の教師を参加者として迎え、7ヵ月間にわたり質的アプローチを持って研究を行いました。

　本章を読む際に他の章で述べられたことが研究でどのように実践されるかを念頭におくとリフレクティブ・プラクティスとは何かということがより明確に理解できるのではないかと思います。第1章で研究を「問題意識に支えられた課題、系統的データ収集、理論に基づく分析、公刊からなる1つの連なりを持つ知的探究活動」と定義しました。この章では、この4点について、そして研究の過程における他の側面にも触れながら研究例を紹介していきます。第3章でふり返りの実践の場としてのジャーナル記述、インタビュー、授業観察、ディスカッション・グループについて述べましたが、これらが研究手法としてどのように実施され、参加者によって体験されたか、また研究者の役割をも念頭に入れながら読み進めてみてください。

2. 質的研究

　最近、英語教育の分野でも質的研究が注目され、多くの研究者、実践者が質的アプローチから研究を行っています。研究対象を質的または量的から吟味するかは、自分の認識論により決められること、つまり1章で述べられたとおり「〜はどのような知識を生み出そうとしているのか？」「〜は世界についてどのように仮定するのか？」、「〜は研究プロセスの中での研究者の役割をどのように概念化するのか？」の答えによることであると著しました。しかし自分の認識論があまり明確ではない読者もいるのではないかと思います。最近、注目されているから、自分の研究分野は教育であるからといって質的研究に携わらねばならないということはありません。それではどのような時に質的研究に携わるのでしょうか。

　質的研究の定義について興味深いことにCreswell（2013）は質的研究に関する本の中でさえもその定義が明確に記載されていないことが多々見受けられると述べています。その理由は第1章でも述べられ、Denzin and Lincoln（2018）も述べている通り質的研究が複雑な時間の軸における文脈に繊細な個別的認識を目的としているで、固まった定義をあてはめたくないという考えを質的研究に携わる多くの研究者が抱いているからだとCreswell（2013）は説明します。さらに個別的認識は研究者間はもちろんのこと、1人の研究者の中でも変容を遂げていくものだとも述べています。

　Denzin and Lincoln（2018）は質的研究の定義の多様性を認識したうえで基本的で一般的な定義を著しました。少し長い定義ですが、この定義で質的研究を行う際の研究者の位置づけ、研究で明らかにしようとしていることがおわかりになるのではないかと思います。彼らの定義を英語でそのまま掲載し、次に筆者による訳、その次に解説を試みます。

Qualitative research is a situated activity that locates the observer in the world. Qualitative research consists of a set of interpretive, material practices that make the world visible. These practices transform the world.

They turn the world into a series of representations, including field notes, interviews, conversations, photographs, recordings, and memos to the self. At this level, qualitative research involves an interpretive, naturalistic approach to the world. This means that qualitative researchers study things in their natural settings, attempting to make sense of or interpret phenomena in terms of the meanings people bring to them(p.10).

（質的研究は観察の対象となるその世界に観察者を位置付ける活動です。質的研究はその世界を可視化するための解釈的な有形の方法を用います。これらの方法は世界を変換します。それらの方法は世界をフィールドノート、インタビュー、会話、写真、録音、自身へのメモなどから表象します。このレベルで質的研究は世界に対して解釈的、自然的なアプローチを採ります。これは質的研究に従事する研究者は自然な環境で、人が研究の対象に対して持つ意味づけを通して現象を理解するまたは解釈することを目的としています。(筆者訳))

　質的研究は観察者である研究者を観察する対象となる世界に位置付ける、つまり、観察の対象となる世界の歴史的、社会的、政治的、文化的文脈の中で、それらを通してその世界を観察するということです。質的研究は観察する世界の意味付けをするための形のある方法を用います。これらの形のある方法つまりデータは観察の対象である目には見えない世界を目に見える世界へと変換します。目の前の世界を研究者が観察をしている際に取るメモであるフィールドノート、インタビュー、会話、写真、録音、自身へのメモ等などにより観察している世界を表現します。質的研究に従事する研究者は、自然な環境(研究の対象となる事象を実験室など人工的な環境ではないという意味での自然な環境)で、個人が研究の対象に対して持つ意味づけから研究対象の現象を理解するまたは解釈することを目的とします。
　筆者が質的研究により研究を行ったのはリフレクティブ・プラクティスが日本の現職の英語の高校教師にどのように体験されるか(文脈に繊細な個別的認識)、彼らの経験、主観、また彼らの経験の意味付け(教育的経験の実践

的認識)を探究したいと思っていたからです。そのためには数 10 名の教師にリフレクティブ・プラクティスを体験してもらいアンケートを実施し数量的に分析するという多数のサンプルからではなく、参加者の主観的立場、言葉から参加者の経験、その経験の意味付けをインタビュー、ジャーナルなどの表象である研究手法より探求したいと思いました。

3. 事例研究

　質的研究方法論としてよく使われる方法にはナラティブリサーチ、現象学的アプローチ、グランデッドセオリー、エスノグラフィー、事例研究(ケース・スタディ)などがあります。ナラティブリサーチは研究者が研究対象となる個人が生きた経験の語りを時系列で解釈、構築するという手法です。研究対象者は 1、2 名からなることが多いです。現象学的アプローチはある概念や現象を、それを生きた、体験した経験のある複数の個人からその概念、現象に共通した意味を描写します。現象学的アプローチの目的はある現象における個人の経験を普遍的な本質に煮詰めることです。研究者はある特定の体験をした複数の個人からデータを集め、彼ら全ての経験を多くの要素が複雑に絡み合った本質によって描写することを試みます。グランデッドセオリーはある過程または行動において普遍的、理論的な説明を生み出す、または発見することを目的とした方法論です。研究参加者は 20 名から 60 名と質的研究では数の多い人数を対象者とする場合もあります。エスノグラフィーはある文化を共有している集団の共通したパターンを叙述し、解釈をすることです。そして事例研究は事例となる対象を綿密に描写、分析により、ある個人、複数の個人のイベント、プログラム、行為への参加などを分析します(Creswell, 2013)。

　筆者は現職の高校英語教師がリフレクティブ・プラクティスをどのように体験するかを知りたく、普遍的な解釈、理論を打ち出すことよりもまず、個々の教師の体験を個別に分析し 1 人 1 人の意味付けを理解することを目的としたので、各個人を研究対象の一個体としてみなす事例研究を選びまし

た。

　上記に述べた通り、事例研究では描写と分析が重要で Merriam（1998）は質的研究におけるケース・スタディ方法論を "an intensive, holistic description and analysis of a single instance, phenomenon, or social unit"「あるひとつの事例、現象または社会的集団に対しての徹底的で全体的な描写と分析をすること」（p.21）と定義しました。

　事例研究方法論を取る際、研究対象となる事象、現象に次のような特徴があることが一般的だと言われています。1．比較的新規性がある場合（Leedy and Ormrod, 2005）、2．その現象を個の視点から深く探究したい場合（Hammersley and Gomm, 2000）、3．その現象の発展性、変化が重要な場合（Leedy and Ormrod, 2005）、4．個的な特性の中に普遍的な知見を得ようとする場合等です。

　筆者がケース・スタディ方法論を取った理由は日本におけるリフレクティブ・プラクティスについての研究事例が少なかったこともあり上記の 1 から 3 が該当します。4 の個的な特性の中に普遍的な知見も考慮しましたが、上記で述べた通り研究対象者の中における普遍的な知見よりも個々の教師の体験に興味がありました。

4.　研究の背景

　筆者がリフレクティブ・プラクティスを研究テーマとして選んだひとつの理由は筆者が「英語が使える日本人」育成のもと行われた悉皆研修の講師を務めた際の体験、その時に感じた問題意識に繋がっています。

　2003 年に文部科学省から『「英語が使える日本人」育成のための行動計画』が発表され、日本人に求められる英語力が TOEFL, TOEIC スコアにより明記、また英語教育改善のための様々な方策が掲げられました。その一環として「英語教員の指導力向上及び指導体制の充実」が謳われ、全国の公立の中学、高校の約 6 万人もの英語教師を対象に大規模な悉皆研修が行われました。公立の中高の英語教師は平成 15 年度から 19 年度までの 5 年間の

うちに1回講習への参加が求められたのでした。この講習は各都道府県主導で行われ「実践的コミュニケーション能力育成のための指導力向上の研修」と銘打ち、講師も受講者も研修で英語を使うことが求められました。

　これほど大規模な研修を行うためにはかなりの数の講師が必要であることがおわかりになると思います。そこで中学・高校で教鞭を取ったことのない筆者にも声がかかり、ある県の研修に講師として参加しました。しかしその結果は惨憺たるものでした。研修では現職教員のモチベーションの低さが顕著に感じられました。使用言語は英語の研修でしたが、日本語で話をしていて講師が近くに来ると日本語から英語に変える、グループワークの際もあまり積極的にグループに参加しないなどが見られ、準備した研修内容の半分も終えることができませんでした。研修を担当した同僚と昼食のお弁当も喉に通らないほどに唖然としたことを覚えています。

　冷静になって失敗の理由を吟味し明らかになったのは「実践的コミュニケーション能力育成のための指導力向上」で焦点が絞られたのは英語教師の英語力向上であり、各教員が経験等により培われてきた教授力が軽視されたことではないかということでした。行動計画では「英語が使える日本人」の育成において英語教員の一定の英語力及び教授力の重要性が述べられ、具体的には英検準1級、TOEFL 550点、TOEIC 730点程度以上の英語力と記載されました。しかし教授力については特に説明はありませんでした。悉皆研修では、「参加者にとって必要なのは教師の英語力のブラッシュアップであり、教授力は二の次」というメッセージを与えたのではないかと思います。

　筆者が持った問題意識は現場を知らない大学の英語教師が現場の教師の経験知を考慮せずに、英語力ブラッシュアップの研修を行う、つまり大学教員が一方的に現職教師に対して知識を授けるという教員養成の構図が提示された研修だったということです。

　これが筆者がリフレクティブ・プラクティスに興味を持った背景です。第1章、2章ですでに述べられた通り、リフレクティブ・プラクティスは個々の教師が自己の教育に対する実践・考えのふり返りを通して、自分のコンテクストまた自己に対する理解を深めることによる「教師としての成長を狙う

教員養成の方法」です。リフレクティブ・プラクティスと従来の教員研修の大きな違いは、次の3点に集約されていると思います。まず、何を知識として見なすか。従来は知識とは実験室で研究者による科学的実験の結果のように普遍的知識を指しましたが、リフレクティブ・プラクティスは現場の教師の経験知を知識として認識します。次に誰が知識を生み出し、知識の所有者であるか。実験を行う研究者、または教師教育者が知識の所有者という考えもありますが、リフレクティブ・プラクティスは経験知のある現場の教師を知識の所有者であると評価します。3点目は何を教員養成の方法とするか。教師教育者による講義に参加する、文献を読むことがその方法とされていましたが、現場の教師が自己の経験知を振り返ることを教員養成の方法として認めています。

5.　事前研究(pilot study)

　事前研究とは本研究で予定されている研究計画、研究手法は研究の目的を果たすために妥当か、実用的か、何か問題点があるかを知るために本研究の前に行う研究です。事前研究でわかったことを本研究の研究計画データ収集、分析に反映させます。

　事前研究を行う際に次の手順を踏みました。まず、大学の研究倫理委員会(研究倫理については本章の13節を参照してください)に研究計画書(research proposal)を提出しました。

　研究倫理委員会とは大学等研究機関に設置され、その研究機関に所属する研究者が研究を行う前にその研究が研究参加者に対して倫理的であるかを審査する委員会です。本章の13節でも述べますが研究とは広義的に人類の発展のために行うものであり、「最大多数の最大幸福」を規範とする功利主義に基づいているように思えます。しかし研究に参加する被験者の権利を守るための民主主義的見地より研究倫理委員会は研究を審査します。研究計画書が研究倫理委員会の審査で承認された後、研究参加者を募り、対象者に対して研究の説明を記載した文書を渡しました。研究の対象となったのは筆者が

講師を務めたある県の教員研修に参加していた現職教員でした。

　研究の説明では研究参加者から同意書(consent form)を取る前に研究について十分に説明をする必要があります。この説明をすることは研究内容を開示して研究参加者及び研究者をも守ることになります。筆者は説明の文書に研究の目的、研究参加に伴うこと(リフレクティブ・ジャーナル記述、インタビューを受けること、授業見学の理由、回数、時間)、研究のスケジュール、研究参加における利点、研究参加における不利益、内密性(confidentiality)、データ保存の方法、研究参加からの途中辞退、研究者への連絡方法を記載しました。そして1人の先生から連絡があり、その先生を参加者として迎え、事前研究を行いました。

　事前研究で参加者がふり返りを体験する場として月1回の授業観察、授業観察後の月1回のインタビュー、週1回のジャーナルが計画されました。使用言語の選択を英語とするか日本語とするかは参加者に選んでもらい、その先生はインタビューは日本語で、ジャーナル記述は英語を選びました。参加者にとってふり返りの場であったジャーナルとインタビューは研究者にとってはデータ収集の場でしたので、同意書に署名をもらい録音をしました。授業観察はその参加者が教えている文脈を知るという理由、またインタビューで話をするための取っ掛かりとなるもの(プロンプト)という位置づけで行われたので録音、録画等のデータは収集しませんでした。ジャーナル記述におけるトピックは特に設定せずに授業の中で起こったこと、それに対する自分の捉え方、教えることに関する自分の信念(belief)などについて書くようにお願いしました。ジャーナルはメールで送られ、筆者はそれを読み、質問などを返し、次のジャーナル記述の内容はその参加者に任せました。

　事前研究後、本研究の研究手法について次の3点の変更点を加えました。第1点は本研究での授業観察は1回のみとしました。授業観察は参加者を必要以上に緊張させてしまうことがわかりました。目的が参加者が教える文脈を知るためであれば、授業観察は1回のみで十分だと判断しました。第2点は本研究のジャーナル記述では第1回記述前に記載する内容について具体的なトピックの指示を出すことにしました。事前研究の参加者は、ジャー

ナル記述により数日前に行った授業等だけではなく忘れ葬られていた辛い過去のことを思い出し、書くことが苦しくなり途中で書くことを中断してしまいました。これによりジャーナル記述における自分に対しての自己開示により自分が受け入れられる範疇以上の体験をする可能性があることがわかりました。そこで少なくとも第 1 回目のジャーナル記述の際に具体的なトピックの指示を出すことがよいのではないかと思いました。第 3 点として自分の体験について他の参加者と話す機会をフォーカス・グループの研究手法を導入することにしました。フォーカス・グループでジャーナル記述、または自分、他者に対する自己開示により引き起こされる辛い体験をさけるために研究に参加する自分の体験について他の参加者と話す機会を設けることにしました。

6. 本研究(main study)

　本研究とは文献研究、リサーチクエスチョン、参加者募集方法、研究手法実施方法、データ源決定、データ収集方法、データ分析方法、論文執筆など多岐に渡る一連の知的活動です。それらの活動を通して研究により研究者は理解したい現象を探究します。事前研究から分かった上記の 3 点を修正点として本研究に反映させました。

　本研究でもその着手前に事前研究と同様の過程を踏みました。まず、事前研究後に修正された研究の内容を研究倫理委員会の審査のために再度大学に提出しました。研究倫理審査で研究内容が承諾された後、研究参加者を募るために研究の説明を記載した文書と研究参加についての同意書を作成しました。研究者を募ったのは筆者が講師を務めた教員研修とある教員メーリングリストでした。そして連絡があった教師には研究の内容の説明の文書をメール添付で送りました。

　本研究は 6 名の現職英語教師を参加者として迎え、ある年の 9 月から次の年の 3 月までの 7 ヵ月間行われました。6 名のうち 3 名の参加者は A 県で、他の 3 名の参加者は B 県で教鞭を取っていました。研究で探究したい、

明らかにしたい、理解したいことをリサーチクエスチョンと言いますが、筆者のリサーチクエスチョンは大きく捉えると「各参加者がどのようにリフレクティブ・プラクティスを体験されるか」でした。具体的には次の3つの問いになります。

1. ふり返るとはどういうことか。
2. 3つのふり返りの場はどのように体験されたか。
3. リフレクティブ・プラクティスの研究参加における意味は何であるか。

　ふり返りを体験する場として参加者に6回のインタビュー、毎週のジャーナル記述、3回のフォーカス・グループ・ディスカッションへの参加を依頼しました。この3種類の研究手法は研究者にとってはデータ収集の場でしたので、インタビューとフォーカス・グループ・ディスカッションを録音する承諾をもらいました。研究参加者に会い、再度研究の説明を行った後、研究参加に対する同意書に署名をもらいました。

　次に研究の過程の1つ「系統的データ収集」であり研究におけるふり返りの場であるフォーカス・グループ・ディスカッション、インタビュー、ジャーナル記述について紹介します。Denzin and Lincoln(2018)が述べている通り質的研究では研究対象である事象をよりよく理解するためにその事象を表象する研究手法を用います。本研究で複数の研究手法を用いましたが、個々の参加者に事象を表象する、つまり自分の体験、考えを表現するために異なった手法を提供することが重要でした。

7.　フォーカス・グループ・ディスカッション

　フォーカス・グループの特徴的な点は複数の他の研究参加者と口頭でやり取りを行う点です。複数の他者とのやりとりという点から直接的で一斉に多様な見解に触れることが可能となります。また研究参加者同志の話し合いにより、研究参加者と研究者から構成される他の手法とは異なった話題、意

見、表現などに発展することが考えられます。

　次のスケジュール、トピック、研究者の役割をもってフォーカス・グループを実施しました。同じ県で教鞭をとる参加者それぞれ3名ずつに集まってもらい7ヵ月間のうち9月(研究開始時)、12月(研究期間の中盤)、3月(研究終了時)と3回行われました。使用言語を英語、日本語にするか参加者に決めてもらい、両方の県で日本語が使用されました。使用言語の選択肢を尋ねることは研究参加者と研究者が理解する言語で研究参加者にとって自分のことを話すにおいて抵抗を少なくする言語を選択することが重要だからです。またデータ収集のためにフォーカス・グループのやりとりを録音する承諾ももらいました。

　第1回目のフォーカス・グループでは市販の達人教師シリーズのDVDを視聴し、感想などを話してもらいました。前述の通り、これは事前研究で参加者が過去のことについてふり返り、辛い思いをしたということから、参加者にまず教えるという活動をふり返ることを促したいという意図からでした。第2回目のフォーカス・グループでは参加者はジャーナル記述、インタビューを体験して数ヵ月経つので、研究参加すること、ジャーナル記述をすること、インタビューに参加することへの感想、疑問などを話してもらいました。第3回目のフォーカス・グループは、ジャーナル記述、インタビューが全て終わった後に行われ、参加者にはこの研究へ参加したこと、ふり返りを促す研究手法を体験したこと、気が付いたこと等について話してもらいました。

　フォーカス・グループにおいての研究者は調整役のような役割を担い、トピック提示、話している内容に関しての質問、また寡黙な参加者に話をしてもらうようにするなどの役割を担いました。

8.　ジャーナル記述

　ジャーナル記述の特徴は自分の考えを記述により言語化すること以外に言語化の際に書き手が単独であること、それゆえ、表現に時間をかけることが

できること、他者との対話に時間差のあること等です。参加者にジャーナルをメールで送ってもらいましたが、これにより実際に会わずに参加者の声を聞き、データを得ることができました。

　ジャーナル記述についてのスケジュール、トピック、研究者の役割は次の通りでした。参加者にジャーナルを週一回、メールで送付してもらいました。使用言語は各参加者に選んでもらい、1人の参加者が英語で他の5人の参加者は日本語で記述をしました。

　上記に述べた通り、事前研究で参加者がジャーナル記述を通して辛い過去を思い出したという経験をされたので、第1回目のジャーナルでテーマを個人の内面に向けるのではなく、第1回目のフォーカス・グループで視聴したDVDについて話したことを通して自分が教えることについて書いてもらうようにしました。第2回目からのジャーナルのトピックは個人が自由に選択し、研究者からの質問に答える参加者もいました。研究の終盤で各参加者に研究で記載したすべてのジャーナルを送り、そのなかから「リフレクションのテーマ」、自分のテーマ、自分が何回も書いていること、気になっていることを選び、書いてもらいました。

　研究者の役割はジャーナルを読み、内容に関して質問をし、コメントをすることで評価をすることではありませんでした。

9.　インタビュー

9.1　インタビューとは

　インタビューは研究者と研究参加者間のやりとりが直接的、即時的、二者間で、さらに対象物を介さない(ジャーナル記述に対してやりとりをし、ジャーナルが対象物となるということもありますが)という親密性が特徴です。また実際に相手と対面することから表情、ジェスチャー、声色等、非言語的な情報を得ることもできます。このような特徴からインタビューでは他の研究手法よりも研究参加者、研究者間のやりとりが深く、濃く発展し、また個々の参加者との違いが顕著になることが多くあります。本研究でもイン

タビューでは個々の参加者の違いが明確に表れたのでここでインタビューについての記述に紙面を割きたいと思います。

　研究手法としてのインタビューの技法の代表的な方法として構造化インタビュー(structured interview)、半構造化インタビュー(semi-structured interview)、非構造化インタビュー(unstructured interview)という 3 種類があります。この 3 種類の違いはインタビューデータをどのように捉えるかの違いにあると言えるでしょう。具体的には研究者と研究参加者間の関係性、お互いの立場性(positionality)などにより独自に繰り広げられる展開をデータと見なすか、その違い、差異は最小限に留められるべきかという違いです。立場性とは個人の持つ様々な属性、例えば、年齢、性別、人種、学歴、職業、職位、職歴、その個人の持つ経験、出身地、認識論、宗教、政治的スタンス、参加者への情緒的反応、服装、非言語コミュニケーションなどです(Berger, 2015：Ping-Chun, 2008)。また研究の中でインタビューを受ける複数の研究参加者、またインタビューをする複数の研究者が存在する場合、インタビューを行う研究者間による違いを最小限に留めるべきだと考えるか、また、複数の研究参加者間の個人のインタビューを比較することが重要であるかにあります。

　構造化インタビューは異なる個人による差異を最小限に留めるべきだという立場を取るインタビューです。同じ質問項目が複数の研究者によって使用され、質問された側、研究参加者の回答を比べること、その際に研究者による影響を最小限に抑えることを大前提としています。そのためインタビュー前に質問、また質問をする順番も決められており、台本が用意されることもあります(Cohen et al., 2000)。質問の表現が研究者が意図することを尋ねるような問いになっているかを確認するために、試験的なインタビュー(pilot interview)が行われることもあります。

　半構造化インタビューはその名称の通り、構造化インタビューほどインタビューの内容が一定ではなければならないということはありませんが複数のインタビュー、または複数の研究者によるインタビューが比較されることが前提となっています。構造化インタビューで使用されるような台本は用意さ

れませんが、インタビューで尋ねる質問を記載したガイドラインが用意されます。実際のインタビューでこのガイドに記載される通りの順番に質問をしなくてもよいのですが、ガイドに記載されている質問を網羅することが重要だと考えられています。

　非構造化インタビューはインタビューをする者とインタビューを受ける者の二者間の関係性、立場性から織り出される対話であり、他の研究者によるインタビュー、または他のインタビューと比べることが目的ではありません。非構造化インタビューは、研究者が聞きたいこと、焦点を当てたいテーマよりも、インタビューを受けている個人の考え、主観が重要であり、インタビューを受けている側の話したい方向に話が自由に展開されることが優先されます（Mann 2016：91）。インタビューを始めるにあたり研究者が自由形式の質問（open-ended question）を幾つかして、インタビューを受けている個人が自分にとって大切なことを話していきます。そして研究者による方向性やコントロールは最小限に抑えられるべきだとされています（Cohen et al., 2007：356）。

　本研究において非構造化インタビューを行うことを試みました。インタビューは次のスケジュール、方法、トピック、また研究者の立場をもって行われました。7ヵ月間の研究で6人の研究参加者とそれぞれ6回インタビューしましたが、1回のインタビューは約45分の非構造化インタビューを予定し、使用言語を日本語とするか英語とするか、各個人に委ねました。インタビューはリフレクションを促す場及び分析のためのデータ収集の場であるため、研究の説明の際に各人に録音そして録音後の書き起こしのために同意書をもらいました。インタビューにおける筆者の役割は質問をすることで、参加者が話したことを評価したり、自分の意見を述べる場ではないという説明をしました。インタビューで話された内容はジャーナルに記載されたことまた研究に参加している体験などが中心となりました。事前に質問も用意しましたが、それは話をしてもらうためのきっかけであり、話の枠を決めるためのものではありませんでした。インタビューの際は筆者が各参加者の高校を訪ね、プライバシーが確保できる部屋を予約してもらい、そこでイン

タビューを行いました。6 回のインタビューは次のように発展していきました。

第 1 回目のインタビュー：インタビューの目的は参加者と筆者がお互いについて知るための、またインタビューを受ける、インタビューを行うためのウォームアップセッションのように位置づけられ、教歴や担当学年、担当コース、高校のカリキュラム、生徒数など事実的な情報が尋ねられました。

第 2 回目のインタビュー：インタビュー前に記述していたジャーナルの内容についての質問からインタビューが始まりました。

第 3 回目のインタビュー：インタビュー前に記述していたジャーナルの内容についての質問からインタビューが始まりました。

第 4 回目のインタビュー：第 1 回から第 3 回目のインタビューの書き起こしを読んでもらい、「リフレクションのテーマ」つまり気になったこと、気が付いたこと、自分が繰り返し話しているテーマについて話してもらいました。

第 5 回目のインタビュー：第 4 回目インタビューに関連して自分にとっての「リフレクションのテーマ」について話をしてもらいました。

第 6 回目のインタビュー：インタビュー前に、7 ヵ月間の全てのジャーナル記述を読み返してもらい、その中から、「リフレクションのテーマ」を話してもらいました。

9.2　インタビューにおける研究者の体験

参加者とのやり取りが直接的、即時的なインタビューは他の研究手法と比べてやり取りが個別的、想定外で筆者は研究者としての戸惑い、葛藤を感じることがありました。第 2 回目、第 3 回目のインタビューにおいて予想外のことが起こり困惑することが 2 点ありました。1 点目は非構造化インタビューを行うのが困難であったということ、もう 1 点はインタビューがあまりにも自由に発展し、インタビューの枠を超えてしまったのではないかと研究者が危惧したということです。

非構造化インタビューを行うことが困難であること

まず初めの点ですが、非構造化インタビューで参加者の話を聞くことを予定しましたが、それは容易いことではありませんでした。私達は「聞く」という言語活動を毎日行っており、筆者は自分が比較的聞き上手だと思っていたのでまさか参加者が話したいことを引き出すことがこんなにも難しいこととは全く予想していませんでした。筆者がジャーナルの内容について質問するという形式でインタビューを始めましたが、参加者は質問に短く答えて、筆者が次の質問をするのを待っているように感じられ、その後また筆者が質問をし、参加者が質問に答えるといういわゆるQ&Aセッションのような形でインタビューが発展しました。インタビューが終わり、録音が終わると、「これでよかったですか」「こんな話でいいのですか」「質問は全部できましたか」と聞かれたり、また録音後に自由に話が展開していきました。

なぜQ&Aセッションのように発展したということは参加者がインタビューをリフレクションを促す場ではなくデータ提供の場であると捉えていたことになるかと思います(Watanabe, 2017)。それには次の2つのことが関係しているようでした。まず1つはインタビューという言葉です。研究におけるインタビュー手法が、「取材のために人と会って話を聞くこと」のように捉えられたのではないかと思います。この場合、インタビューの目的は話を聞く側が欲している情報を話し手が話すということです。

もう一点は、事前に考えてきた質問を書いたノートもQ&Aセッションへと展開を遂げていった理由ではないかと思います。インタビューにおいて筆者は事前に用意してきた質問が書いてあるノートを見て、メモを取りながら質問をしました。事前に用意してきた質問は話のきっかけとなるプロンプト、またインタビューの際に尋ねることがなくなった時に困らないように書いたものでしたが、聞くべきポイントのリストのように受け取られてしまったようです。この2点について後に参加者に尋ねたところ、インタビューで求められているのは質問に答えることで、自由に話すことではないと考えていたことがわかりました。その後、インタビューと言う言葉を避けて、代わりに面談と言う言葉を使うこと、また事前に書いてきたメモを見ながらイ

ンタビューを行うことを避けるようにしました。

「インタビュー」の枠を超えたインタビュー

　筆者が困惑した 2 点目、インタビューがインタビューの枠を超えてしまったのではないかと思ったことはある 1 人の参加者とのインタビューで起きたことでした。これは研究者である筆者がインタビューをふり返りの場として捉えるか、データ収集の場として捉えるかを象徴していることだと思います。

　その参加者は自由にたくさん話をしましたが、あまりにも自由で、筆者が尋ねた質問を答えた後に今度は筆者に質問を返したり、また 45 分を予定していたインタビューはいつも倍の 90 分近くになりました。

　このような自由な発展に対して研究者である筆者は何点かの葛藤を経験しました。それはインタビューをデータ収集の場とするかふり返りの場と捉えるか、研究者がインタビューをどのように捉えるか、誰のためのインタビューか、インタビューにおける研究者の立場は何であるか等です。インタビューで質問をされることに関して「ここではあなたがインタビューされているので私はインタビュー中は答えられません。インタビュー後に答えます」というべきか、また時間が 45 分くらいになったらインタビューを止めるべきか。しかし、インタビュー中に「質問に答えられない」と言うことについて違和感を感じました。この研究においてインタビューはリフレクションを促す場であり、そこでその参加者の質問に対して筆者が答えたこともふり返りを促すひとつのきっかけとしても考えられるからです。また、このインタビューで優先すること、つまり筆者が答えられないというのは当初に筆者が設定したインタビューのプロトコルに則っていることであり、筆者のためのデータとしてのインタビューを優先していることではないかとも思えました。さらにインタビューにおける研究者の立ち位置、自分が尋ねた質問に対してたとえインタビューの間であっても「答えられない」と相手に告げるのは研究者は研究参加者に質問をする立場にあるのに、研究参加者からの質問に研究者が答えないというのは力の不均衡を象徴しているのではないかと

も思いました。

　この参加者が自由に話をして考えを述べるその機会、その体験のほうが筆者の研究のデータよりも重要なのではないかと思い、質問を遮ったり、時間になったらインタビューを止めることはしませんでした。この参加者のインタビューはデータとして使えなくても構わないと思いましたが、結局分析に使うことになりました。その参加者が「インタビュー」という枠に捕らわれず自由に話をしていることこそがその参加者のふり返りであり、それがデータであり、またこの参加者とのインタビューは非構造化インタビューだったということがあとになってわかりました。

10. 研究のスケジュール

　上記の3種類の研究手法を本研究で使いましたが、研究終了、約5ヵ月後に参加者にメールを送り、各参加者に再度ふり返りの研究に参加したこと、またふり返りのテーマについて尋ねました。研究の流れをまとめると次のようになります。

表5　研究のスケジュール

	フォーカス・グループのトピック	インタビューのトピック	ジャーナル記述のトピック
9月	第1回 ・DVD 視聴 ・他の参加に会う ・研究に対する質問 ・第1回ジャーナル記述へのヒント		
10月		第1回 参加者の教師歴、着任校について	第1回 第1回フォーカス・グループ参加について思ったこと

表 5　(つづき)

	フォーカス・グループの トピック	インタビューの トピック	ジャーナル記述の トピック
11 月		第 2 回 第 1 回ジャーナル記述についての質問	第 2 回〜最後から 2 回目 自由記述、研究者からの質問に答える
12 月	第 2 回 ふり返りのタスク 研究に対する質問及び研究参加体験についてのお互いに共有	第 3 回 ジャーナル記述についての質問	
1 月		第 4 回 ふり返りのタスク 第 1〜3 回のインタビューの書き起こしを読んでもらい気がついたことを話す	
2 月		第 5 回 ふり返りのタスク 自分にとってのリフレクティブテーマ(何回も言っていること、気になっていること)について話す	
3 月	第 3 回 ふり返りのタスク 研究に参加したことについて話す	第 6 回 ふり返りのタスク 最後のジャーナル記述をもとに話をしてもらう	最後の記述 ふり返りのタスク 今までの自分のジャーナル全てを読み、自分のリフレクティブテーマについて記す
8 月			メール 研究に参加したこと、リフレクティブテーマについてメールで尋ねる

11. データ分析

　質的研究の過程において曖昧だと言われているのがデータ分析ではないでしょうか。筆者も指導教官にデータ分析の方法について数回尋ねましたが、答えはいつも「データをよく読むとそこからテーマが浮き出てくる」ということでした。試行錯誤の末、コーディングを分析方法として使いました。コーディングとは分析対象となる文字情報をカテゴリー化し、そのカテゴリーがその研究の中でデータを説明しうるか照らし合わせ、コードにラベルを付ける分析方法です（Creswell, 2013）。

　質的研究分析にはこれぞ分析方法だというような定型の分析方法はなく、研究目的、研究参加者、研究の過程によって変わってきます。著者もコーディングへと行きつくまで、様々な分析方法を試しました。グラウンデッドセオリーの方法をとったり、何回も出てくる表現を数えたり、データを読んだ後に自分の記述を書いたり、キーワードとなる言葉でマッピングを作成したりしました。ここで紹介されているデータ分析はコーディングの方法をとり、リスト化されていますが、実際の分析は直線的な流れではなく、悩みながら迷いながら行ったり来たりの繰り返しでした。

　分析対象のデータは 6 名の参加者からの約 45 分間の A 県、B 県それぞれ 3 回のフォーカス・グループ・ディスカッション（全部で 6 回分）、6 名の参加者それぞれに対して計 6 回ずつのインタビュー（1 回につき約 45 分間、全て合計して 36 回分）、6 名の参加者の毎週のジャーナル（参加者により数に差がありました）、及び授業参観の際の筆者のメモ等でした。

　筆者はリフレクティブ・プラクティスが日本の現職の英語高校教師にどのように体験されるか（文脈に繊細な個別的認識）、彼らの経験、主観、また彼らの経験の意味付け（教育的経験の実践的認識）を知りたいと思いましたので、前述した通り、次の 3 点を分析の焦点としました。1. ふり返るということはどういうことか。2. 3 つのふり返りの場はどのように体験されたか。3. 各参加者のリフレクティブ・プラクティスの研究参加における意味は何か。この 3 点に関してまず各参加者に焦点を当てて分析し、その分析から

明らかになったことを6名の参加者方間で比べました。分析過程は次の通りです。

「リフレクティブ・プラクティスによりふり返るということはどういうことか」

1. コーディングをせずにデータを読む。
2. 各参加者が自分の過去の経験について言及している箇所、また自分の考え、自分が行ったことに対する解釈が変わったと思われる箇所に印をつけメモをする。
3. 2で印をつけた6人のデータの部分を1つのリストにする。
4. リストの中で共通点があること、異なっていることに分類し、共通点があることは「あるふり返りの形」と仮定してカテゴリー化する。
5. カテゴリー化された「ふり返りのある形」を元のデータに照らし合わせ、そのカテゴリーがデータの元の部分を説明しているかを吟味する。説明していない場合はそのカテゴリーは変更、修正、または却下する。

「3つのふり返りの場はどのように体験されたか」

　3つのふり返りの場が参加者にとってふり返りを促すことに繋がったかを分析しました。

1. コーディングをせずにデータを読む。
2. 参加者の先生が研究手法に言及しており「あるふり返りの形」のカテゴリーに該当する部分のデータの箇所に印をつける。
3. 2で印をつけたデータの部分を研究手法別にリストにする。
4. 各リストにおいてその研究手法がふり返りを促すことにおいてどのような共通点があるか6人のデータ間で吟味する。

「各参加者のリフレクティブ・プラクティスの研究参加における意味は何か」

　3点目の分析も上記2点と似た過程を取りました。

1. コーディングせずにデータを読む。

2. リフレクティブテーマ、つまり繰り返し言及されるトピック、ユニークな表現、よく見られる論の展開の仕方、描写、説明が非常に長い箇所などにコメントを入れる。

3. 研究の期間中に参加者がまた筆者が選ばなかったリフレクティブテーマに印をつける。

4. 研究時に参加者、そして筆者が選んだリフレクティブテーマに印をつける。

5. 各参加者の各リフレクティブテーマについてのデータの部分のリストを作成する。

6. 各リフレクティブテーマのリストは何を意味しているのか考えるために、そのリストを図形化する。

7. 各リフレクティブテーマ間の関係性についても図形化する。

8. 各参加者のリフレクティブテーマ、またその関わり合いに共通点があるかどのような相違点があるか比較する。

12. 3つの問いについてわかったこと

　量的研究では「結果」という言葉が使われると思いますが、筆者は上記の問いに対して質的研究からの探究をしましたので「結果」という言葉は使用せずにここではデータ分析から見えてきたことを「わかったこと」として書きたいと思います。

ふり返るということはどういうことか

　分析の結果、ふり返りを説明するには「連続体」(reflective continuum)と言う表現が適切ではないかと思います。具体的にはふり返りによる「気づき」とは、瞬時にある時にできるようになることではなく、気づきがある前にジャーナルに書いたり、他者との話し合い等を通して考えることを行ったり来たりする中で発展するものであり、直線的ではなく再帰的、回帰的な過程だと筆者は捉えています。また、一度「気づき」を体験したから、その個

人は「気づき」の達人だということではありません。さらに気づきを体験することがふり返りの終着点ではなく、気づきはふり返りの過程におけるひとつの点にすぎないのではないでしょうか。この連続体をそれぞれの人がそれぞれの道筋（行程）で進んでゆき、モデルとなるような道筋はありません。しかしながらふり返りの行程の中でいくつかのふり返りのタイプ（1. 叙述：Description、2. 再認識：Reconfirmation、3. 反省：Hansei、4. 再解釈：Reinterpretation、5. 気づき：Awareness）を見出しました。しかし、これらのタイプを全ての個人が体験するわけではなく、色々なタイプのふり返りを行ったり来たりすることも連続体の特徴だと思います（Watanabe, 2016）。

　「叙述」は全てのデータとして表象されたことを指しますが、自分の考え、内在化している考えを書くこと、話すことを通して外化されるということに重要性があります。他者と共有しないことも多くある中で、他者と共有する、外化するということは個人はその内容の他者と共有するという決断をした、その内容の存在を認めるということになります。「叙述」はふり返りの連続体の入り口ではないかと思います。

　「再認識」とは以前自分が表現したことで、特に自分が重要だと思ったことに関して、再度自分にとってのその重要性を確認することです。「再認識」は自分の行っていることに迷い、試行錯誤の後、再び初心に帰るようなもので、自分が大切だと思っていることを言語化することにより他者のみならず自分に対してもその重要性を再認識して心に留めることです。

　「反省」もふり返りのひとつとして含みましたが、ここで反省とは「自分が行った行為をふり返り、それがあまり適切ではなかった、また満足のいくものではなかったと認め、その原因とそれを改善するにおいて自己の責任を認識すること」と定義します。事前研究の中で「リフレクション」と「反省」が混同されているように思い、研究の中で「反省」と言う言葉は使用しないように努めましたが、参加者は「反省」という言葉をよく使っていました。しかし、参加者が「反省」という言葉を使っている文脈を分析すると「反省」は一見自己に対して否定的な評価のように見えますが「自分が行ったことは間違えていた」という認識の後に自己や行動の改善の記述がよく見

124

られ、問題解決や新しい視点を養うことと関連しているように思いました。それは何か問題がある際にその問題を認め、描写しその解決策を生み出す間の段階のように思います。

「再解釈」は自分の考え方や過去の経験、そして将来起こることに対する解釈を変えることです。これはある事象に対して主観的な物事の捉え方、個人的な捉え方からその事象を俯瞰的に見る、例えばある理論を通して異なった視点で見るなど、視点が変わる事を指しています。「再解釈」がみられるのは個人がある事象に関して何回も話したり、書いたり（叙述）、反省をしたりした後でした。

「気づき」は自己の考えやビリーフに対してそれを客体的、メタ認知的に、批判的に見ることです。気づきには自分が大切だと言っていることの中に矛盾を見つける、自分が話すことに対してパターンや傾向を見出す、自分が避けている問題点に気づくなど様々な形態がありました。

この5種類のふり返りのタイプは必ずしも上記に述べた順番に全て5つのタイプを体験するわけではなく、1人の個人においても異なった事象により様々な順番で様々なタイプを体験し、またある事象については「気づき」があっても他の事象に関しては「気づき」がないということもありました。

3つのふり返りの場はどのように体験されたか

どの研究手法が個人にとってふり返りの場となりうるか、自己開示をすることができるかについてはかなりの個人差がありました。またそれは1人の個人の中でも様々な状況により異なりました。さらにひとつの研究手法を通して例えば「授業中の自分の指示の出し方」についてジャーナル・ライティングで「気づき」がみられたとしても、それは必ずしもその研究手法、ジャーナル・ライティングが「気づき」を体験することを促したというわけではなく、それ以前にも他の研究手法により「授業中の自分の指示の出し方」について話したり、書いたり、考えたりした後のことであり、たまたまジャーナル・ライティングで「自分の指示の出し方」の記述の中で「気づき」が見られたということです。そこで重要なのはふり返りの場として複数

の異なった手法を繰り返し提供するということだと思います。

各参加者のリフレクティブ・プラクティスの研究参加における意味

　各参加者の教師歴、その時の状況などにより様々な解釈、意味付けがありましたが、本書では筆者の研究について述べることが目的ではないので参加者が何を体験したかを簡単にご紹介します。

　Ken 先生（仮名）は研究参加を通して自分が授業を教えるということに対する不安を如実に表現し、年齢が上で教授経験も自分より長い筆者に頼っているようにも思いました。また、ジャーナル・ライティングについて締め切りがあるとやりやすい等と言っていたことから Ken 先生は研究への参加を自分のふり返りの場というよりデータ提供の場と捉えていたところもあったようです。しかしご本人はその時に気が付かなかったようですが、この研究を通して「自分は教師である」ということを強く認識したようです。それは授業がうまくいかなかった時にそれを変えていくのは教師であるという教師としての自己が変化したことに見られました。

　Kyoko 先生（仮名）は研究に参加することがふり返りを促し、職場ではあまり表現できない自分の考えていることを表現できる場と捉えていたようです。彼女はこの研究に参加して筆者がインタビューに彼女の高校を訪れることをとても楽しみにしていたようです。彼女も研究手法を通して、そしてインタビュー、ジャーナルを読み返すことにより自分は教師として何をしていくべきかという自分の教師像に対する捉え方に変化がありました。

　Sara 先生（仮名）は研究参加を通して筆者からクリティカルなコメントを欲しいと述べていたのが印象的でした。それがこの研究の目的ではないことはわかっているけれども彼女はこの点については一貫していました。彼女は筆者に教師教育者のような役割を演じてほしいと思っていたのではないかと思います。しかし、筆者からのクリティカルなコメントがなくても生徒に対する彼女の姿勢は 7 ヵ月間の研究の中で大きく変化していきました。彼女は 6 ヵ月の間ほとんど毎週ジャーナルを送ってきた参加者で、最後にジャーナル・ライティングについて自分に改善したいという気持ちをもって書く人

にはメリットがあるかもしれないが、書いても何も変わらないと思う人には事務仕事、義務のようになってしまうと思うと話していたことからも彼女はこの研究を自分が変容する場と捉えていたようです。

Yoko 先生(仮名)は研究を通して大変自律的な参加者で、ジャーナルを6ヵ月間ほとんど毎週書き、フォーカス・グループ・ディスカッションでもインタビューでも自分のことをよくわかり、明確に表現する方でした。印象的なのは彼女は最後に自分のジャーナルを読み返し、リフレクティブテーマとして選んだことが「自分の中の矛盾」「自分が避けていること」に気がついたこと、また気づいたけれどもそれが何であるか具体的にわからなくなったが、それはあまり突き詰めずにやっていこうというスタンスを取っているということでした。このような例から彼女は自分のことをメタ認知的に見ていたのではないかと思います。自律的な彼女にとって研究者の立場はあまり必要ない存在だったのかとも思いましたが、彼女は研究を通して同じ教師であるけれども自分とは別の世界にいる、外部者である筆者に話をすることができるという機会を有益だと考えていたようです。

Naomi 先生(仮名)は筆者のふり返りの場としての研究手法に対する考えを変えるほどこちらが想定していない方法で参加しました。彼女は他者と同時に同じ場で対話ができ、共感ができる場、インタビューとフォーカス・グループで大変積極的でした。前述した時間は当初設定した45分の倍の90分位になり、彼女も研究者である筆者に質問を返すことがあったというのは彼女とのインタビューでのことでした。インタビューを通して彼女は自分のふり返りの場を自分で作り出していたのではないかと思います。それには参加者の特徴もあると思いますが、筆者と年齢、教師歴なども近かったので彼女は私をメンターではなくピアのように捉えていて、ある意味自由な気持ちで参加できたということもあるのではないかと思います。

Miki 先生(仮名)は研究手法によって参加の度合いが異なっているのが印象的でした。各研究手法で求められている役割を理解されていたと思います。フォーカス・グループでは彼女が一番教歴が長かったせいかリーダーのような役割を担っていました。ジャーナルでは様々な問題点を挙げながら自

分で解決策を出していくというスタイルでした。インタビューでは他の参加
者と比べてあまりご自分のことをお話しになりませんでしたが、今、思うと
これは筆者である私が経験豊富な彼女の考えていることをうまく引き出せな
いからだったのではないかと思っています。

　先生方のリフレクティブ・プラクティスの捉え方には研究者であった筆者
との関係性によって有機的に発展していくことなのかと思います。その関係
性は前述の通り特にインタビューにおいて発展をしていったようでした。

13.　リフレクティブ・プラクティスを質的研究として行う際に留意すること

　研究者が量的研究ではなく質的研究を取るひとつの理由は個人を操作可能
な数としてではなく、その個人の意味付けが表象される表現から知識を得る
ことを目的としているからでしょう。個人が自己をふり返り、自己に対し
て、他者に対して自己開示を促すリフレクティブ・プラクティスでは個人性
が浮き彫りになります。そのような研究を行うにあたり、研究倫理そして研
究者が自身を再帰的に吟味することが不可欠です。

研究倫理について

　研究者が担う責任として未知な事象を探究し、明らかになったことを発表
し、知識を累積し、科学の進歩と社会、機関、個人がおかれている状況の改
善に貢献するということがあります。この意味で研究は「最大多数の最大幸
福」を規範とする功利主義に基づいているように思えます。しかし科学の進
歩、社会への貢献という大義名分のもと、研究において少数の参加者のある
程度の犠牲が余儀なくされても仕方がないというわけではありません。功利
主義に対して基本的人権が尊重される民主主義の見地から研究を行う過程に
おいて研究活動が正当で、健全で、また倫理的であるべく、研究を行う前に
審査をされる必要性が説かれています(British Educational Research Associa-
tion, BERA)。

　「研究倫理」と言うと公的研究費の倫理的な管理などが思い浮かぶかもし

れません。しかしここでは研究に参加する個人を倫理的に尊重することについて述べたいと思います。個人に対する倫理的尊重というと医学研究、臨床研究の分野を想定するのが一般的ではないかと思います。しかし一見個人に対して倫理的に問題がないと思われる教育学における研究でもそれは重要視されています。特に個人の体験、個人の現象に対する意味付け、意味付けを表象する言葉が研究の根幹となる質的研究では個人の人権、尊厳を守ることは必須です。

　本研究のテーマであるリフレクティブ・プラクティスのように自己開示の必要性がある程度求められる研究を質的研究として行う場合は研究に着手する前に研究者が属する大学または研究費を支給している等から研究倫理の審査を受けることが重要となるでしょう。

　筆者はイギリスの大学で博士課程に在籍していたので BERA を研究倫理のガイドラインとして使いました。BERA は研究者が倫理的に尊重すべき対象として研究に参加する個人、知識、民主主義的価値観、研究の質、学術的自由を挙げています。そして研究者が倫理的責任を持つ対象として研究参加者、研究費出資者、教育学分野における他の研究者、教育学分野における実践者、政治家、一般市民を挙げています。

　最近は日本の教育機関でも人を対象に研究を行う場合、研究倫理の審査が必要となってきました。上記で述べた通り、留学先のイギリスの大学では事前研究を実施する際も研究倫理審査が必要とされました。研究倫理審査のために大学に提出した文書には次の項目を入れました。

・研究がどの研究倫理ガイドラインに即しているか。
・研究のタイトルと研究内容の要旨。
・研究が個人よりデータを収集する場合、誰からどのように収集されるか。
・データを収集される個人からインフォームドコンセントはどのように承諾されるか。インフォームドコンセントの承諾を得ることを予定していない場合、それはどのような根拠から正当化されるか。

・内密性はどのくらい約束されるか。誰に対して、どのように保証されるか。

・この研究から利益を得るのは誰か。

・誰の権利、利益が損なわれる可能性があるか。それはどのように未然に防ぐことができるか。

・そのほか研究において生じうる倫理的問題の詳細。

　研究倫理の審査後もデータ収集の際、また公刊においてもその倫理性を念頭におく必要があるでしょう。さらに研究における研究者という研究参加者という力の不均衡の存在から研究過程を吟味し、倫理的な配慮が必須となるでしょう（Watanabe, 2017）。

研究者の再帰性（reflexivity）

　研究倫理と深く関わっていることですが、筆者は質的研究を行って、研究者にとって不可欠だと感じたのが研究者の再帰性（reflexivity）の認識です。Berger（2015）は再帰性を「研究者の立場性、そしてその立場性が研究の過程と研究結果に作用を与えるということを受け入れ、認識し、継続的に自己との対話を持ち、批判的に自己評価する過程」（p.220）と定義しました。立場性についてすでに述べましたが研究者の持つ個人的な属性、例えば、年齢、性別、人種、学歴、職業、職位、職歴、その個人の持つ経験、出身地、認識論、宗教、政治的スタンス、参加者への情緒的反応、服装、非言語コミュニケーションなどです（Berger, 2015；Ping-Chun, 2008）。自分をふり返る（reflection）ということは自己を客体化して俯瞰することですが、reflexivity は自己の立場性をも考慮に入れて自己を俯瞰することです。

　研究者が再帰性を認識するということは、自己の立場性を明確にすること、また立場性が研究に及ぼす影響を認識することです。前者については論文執筆の際に読者に対して立場性を明確にする必要性、また最近は研究の内容、目的によっては研究参加者に対しても立場性を明確にする重要性が述べられています。

　二点目の立場性が研究に及ぼす影響を認識する重要性は研究参加者の話の内容、展開など参加の仕方は研究者の質問、コメントなど言語によるコミュニケーション、ジェスチャーなど非言語コミュニケーションのみならず立場性が網羅する様々な属性により織り出されると認識されています。話の内容が変わるというのは話をする人の言うことの一貫性がないということではなく、話している人の自己開示の度合いが異なるということです。

　研究者は立場性の影響を認識するだけではなく、研究者と研究参加者の間に力の不均衡が存在することを認識する必要性があると思います。そして研究者は質的研究において研究参加者との関係性を構築する責任性を認識するべきだと筆者は思います。

　二者間の関係性から織りなされる対話だと見なされているインタビューを行うにおいてもそれは重要でしょう。研究参加者が話しやすい雰囲気を作ることは研究者の責任と広く認識されています。またインタビューで研究者、参加者で起こること、例えば、研究参加者が寡黙な場合、それは二者間の関係性によるものだと解釈されています。「この参加者は研究に参加してもあまり変わらなかった」とか「この参加者はあまり協力的でない」というような発言をしたくなる時もあるかもしれませんが、それは研究者が研究者としての役割を果たしていない、つまり多くの場合、参加者よりも力のある研究者としての関係性を構築する責任を認識していないのではないかと思います（Watanabe, 2016）。

　研究者は立場性による影響から完全に自由になることはできないでしょう。しかしだからといって例えば、インタビューをして、目の前に起こっている現象に対して「そういうものだ」としてその影響をただ単に認識し、受け入れるだけではなく、自分の立場性を認識し、その立場性による影響を心に留め、話をする相手に対して真摯に接することを心掛けることが大変重要だと思います。

　研究者の責任として、第 1 章で、そして本章の冒頭で研究の最後の連なりを「公刊」と紹介しました。研究者の責任性は研究が終わった後、データ開示に関してもあると筆者は思います。研究終了後、データは研究者の所属

物となるという考えもありますが(筆者もそのような内容の同意書に署名をもらいました)固有名詞に仮名を使い個人が特定されないようにすれば研究者が自由にデータを使用してよいということはなく、生のデータを公刊により開示される時は、再度参加者に承諾をもらうことも必要だと思います。

筆者は博士論文で行った研究を著書として英国の出版社から発行しました。その際に参加者のデータを日本語で読みたい読者のためにそれをウェブに掲載したらよいのではとアドバイスをもらいました。しかしウェブに掲載することは参加者の生の声が公の場に届くという意味では肯定的ですが先生方がそれをどう感じられるだろうかということが大変気になりました。本は研究が終了してから数年後に出版されましたが、再度先生方に英語で公刊された本に記載されたリンクで先生方の日本語のデータを掲載してもよいか尋ね承諾をもらいました。多忙なスケジュールの中、時間を取り、自分のことを話してくれた先生方に対して研究者が出来ることは研究参加者に対して公正で倫理的に接すべきことだと再認識しました。

質的研究において研究者が再帰性から目をそむくことは本人が意図しなくとも一見平等主義と見せかけてデータを取るために彼らを利用、搾取してしまう危険性があるということを認識すべきだと思います(Watanabe, 2017)。そして個人の自己開示を伴うリフレクティブ・プラクティスを研究として行う際には研究者が自分を再帰的に吟味することは不可欠でしょう。

14. おわりに

本章ではリフレクティブ・プラクティスを質的研究からアプローチした1つの事例研究例として研究を時系列に研究計画、研究手法などを紹介しました。今後、リフレクティブ・プラクティスを研究として行う場合に参考にしていただきたいと思いますが、きっと読者の皆さんもリフレクティブ・プラクティスを質的研究として行うという意味について考えることになるのではないかと思います。

Dimitriadis(2016)は質的研究において「研究」という表現の代りに「探究」

(inquiry)という言葉を使ったらどうかと提案しています。「研究」という表現には実証的研究の意味合いが濃くあり、その一方「探究」という表現は答えが決まっておらず、不確か、曖さ、実践、そして解放、自由、抵抗の教育が感じられると述べています。本章で筆者が「結果」という表現を使わなかったのも「結果」には物事、現象には因果関係があることを示唆しているからです。

　博士論文執筆のために研究を行い、研究計画通りにまた研究プロトコル通りに研究を遂行しなければ研究として認められなくなるのかと当初思っていました。そこで設定時間通りに終わらず、研究者の介入があったインタビューはデータとして使用することはできないと思いました。しかし参加者である先生方の語りはとても意味深く、力強く、そのような語りに直面した際に圧倒され、その中に尊厳な美しさをも感じ、「研究」という客観的、非感情的で距離をおいた言葉では目の前の先生方の存在、経験の重みを表現できないように思いました。今後、個人の事象の捉え方などを知るにおいて質的研究が一般的になるにおいて「研究」と言う言葉について検討する必要が出てくるのではないかと思います。リフレクティブ・プラクティスを質的研究をもって行う場合、それは「研究」であるのか「探究」なのかという問いが常に付きまとうように思います。

引用文献

British Educational Research Association（2011）*Ethical Guidelines for Educational Research*. https://www.bera.ac.uk/wp-content/uploads/2014/02/BERA-Ethical-Guidelines-2011.pdf?noredirect=1

Berger, R.（2015）Now I See it, Now I don't: Researcher's Position and Reflexivity in Qualitative Research. *Qualitative Research*, 15（2）: pp.219–234.

Cohen, L., Manion, L., and Morrison, K.（2000）*Research Methods in Education*（5th ed.）. London: Routledge/Falmer.

Cohen, L., Manion, L., and Morrison, K.（2007）*Research Methods in Education*（6th ed.）. London: Routledge/Falmer.

Creswell, J. W.（2013）*Qualitative Inquiry and Research Design: Choosing among Five*

Approaches（3rd ed.）. London: Sage.

Denzin, N. K., and Lincoln, Y. S.（2018）*Introduction: The Discipline and Practice of Qualitative Research in Norman K. Denzin and Yvonna S. Lincoln, The SAGE Handbook of Qualitative Research*. London: Sage.

Dimitriadis, G.（2016）Reading Qualitative Inquiry through Critical Pedagogy: Some Reflections. *International Review of Qualitative Research*, 9: pp.140-146.

Farrell, T. S. C.（2001）Tailoring Reflection to Individual Needs: A TESOL Case. *Journal for Education for Teaching*, 27（1）: pp.23-38.

Hammersley, M., and Gomm, R.（2000）Introduction. In R. Gomm, M. Hammersley & P. Foster（eds.）, *Case Study Method*（pp.1-16）. London: Sage Publications.

Leedy, P. D., and Ormrod, J. E.（2005）*Practical Research: Planning and Design*（8th ed.）. New Jersey: Pearson.

Mann, S.（2016）*The Research Interview: Reflective Practice and Reflexivity in Research Process*. London: Palgrave McMillan.

Merriam, S. B.（1998）*Qualitative Research and Case Study Applications in Education*. San Francisco: Jossey-Bass.

Ping-Chun, H.（2008）Teaching Reflexivity in Qualitative Interviewing. *Teaching Sociology*, 36: pp.211-226.

Stark, S., and Torrance, H.（2005）Case Study. In B. Somekh & C. Lewin（Eds.）, *Research Methods in the Social Sciences*. London: Sage.

Watanabe, A.（2016）*Reflective Practice as Professional Development: Experiences of Teachers of English in Japan*. Bristol: Multilingual Matters.

Watanabe, A.（2017）The Researcher's Reflexivity in Qualitative Interviews. *Educational Studies* 59: pp.105-116. International Christian University.

第5章　教師による教師としての
成長のためのリフレクション

浅岡千利世　渡辺敦子

1.　はじめに

　教師の成長とは、教師というキャリアを選択した時から始まる長く継続的な学びのプロセスです。その過程のどの時点にいてもリフレクションは成長のための重要な手法なのですが、本章では教える文脈が異なるという意味で教員養成段階と現職教師段階に分け、それぞれを対象としたリフレクションについて考えます。まずは、中等教育の英語教師を目指して大学などの高等教育機関で教職課程を履修している学生のリフレクションについて考えます。彼らは教師としてのこれからの長いキャリアのスタート地点に立っていると言えます。次に教室における経験や実践を重ねてきた現職教師のリフレクションについて考えます。それぞれの段階における考え方や課題、具体的な実践例から、リフレクションを通して見られる教師の気づきと成長について考えてみましょう。

2.　教職課程履修者のリフレクション　　　　　浅岡千利世

2.1　リフレクティブ・プラクティスの導入に際して

　昨今日本の学校教育においては、グローバル社会に生きる力を育むために学習者の主体的かつ対話的な深い学び[22] が推奨されています(文部科学省,

2017)。その学習者を指導する立場にある教師もまた同様に、自ら主体的に学び、その学びをふり返ることによって授業を改善し、教師として成長していきます。しかし、ふり返るべき教師としての経験や実践の場がまだ少ない教職課程履修者の場合、経験豊かな教師の実践をともすると無批判に受け入れてしまいがちです。このことについて社会学者の Lortie(1975)は、生徒は教師がどう教えているかを教室で無意識に観察していて、教師になった時にはその経験に大きく影響されると論じ、その現象を「観察による徒弟制度(apprenticeship of observation)」と呼んでいます。本来教えるという行為は教師の色々な考えや認識、またその特定の文脈における様々な選択の上に成り立っており、教職課程履修者はそのことに気づいていないことが多いと言えるでしょう。ですから、優れた教師は自分の実践をふり返って新たな意味や解釈を引き出し、それをまた実践に還元するという授業改善のための一連の流れ、つまりリフレクティブ・プラクティスによる実践研究を日々行っているのだということを、教職課程履修者はまず理解する必要があります。そして、教師というキャリアの早い段階でリフレクティブ・プラクティスを導入し、自分の実践をふり返る習慣や技術を身に付けることは次に述べるように決して簡単なことではありませんが、同時にとても重要なことだと言えます。

　教職課程履修者対象に授業などでリフレクティブ・プラクティスを導入する際には次に述べる 2 点の共通理解が重要です。まず、第 1 章や第 2 章でも述べたように、リフレクティブ・プラクティスは多くの場合ほかのクラスメートや同僚と対話的かつ協働的にふり返る行為だということです。教えることを学ぶというプロセスは社会的な学習という側面をもつからです。たとえば秋田(1993)は、教師の知識や認識とは個人の経験やふり返りのみによってではなく、先輩教師や同僚との相互作用を通して形成されていくものだと言っています。もちろん他人からのフィードバックや批判を受けて自分の今までの経験や実践を再構築する、という過程は簡単なようでとても難しいことです。誰しも人から自分の考えや行動について批判的に意見されることは気持ちのよいことではないからです。そのためにも時間をかけて互いの

意見を尊重し信頼するという人間関係作り、そして安心してリフレクションを行える環境作りをすることが大切です。たとえば教職課程における教科教育法の授業などでリフレクションを促す場合は、最初に教師教育者も含めたその授業の参加者全員が、教師として成長していく上でリスクを冒してチャレンジすることの大切さや互いの批判や意見を尊重し合うことの大切さ、また、ピア(教員養成段階の場合は他の教職課程履修者がこれに該当する)の役割とは何かについて十分に話し合う機会をもつとよいでしょう。ある人がずっと黙っている場合も否定せず、また誰か1人がディスカッションを支配してしまうような場面ではお互いに声をかけて他の人が考えを述べやすい対話の機会をもてるようにしましょう。教師教育者がまず自分の授業実践をふり返ってリフレクションを行うモデルを見せるのもよいかもしれません。

　次に、教えることを学ぶこととは複雑で多元的なプロセスであり、人あるいは文脈によって知識や経験、現象の捉え方が異なることを理解することも大切です。中等教育における英語教師を目指す場合、大学の教職課程の教科専門科目で言語習得や学習、指導に関する様々な概念や理論、アプローチを学びますが、それをどのように理解し解釈するかは人それぞれですし、また文脈(学校環境や教室環境など)が変われば異なる応用をする必要があります。たとえば中学校・高等学校学習指導要領では「英語の授業は英語で教える」[23]ことが原則であると明記されていますが、このアプローチの利点や効果的な指導方法を授業で学んだとしても、どう解釈してどの程度実践するかはその教師のそれまでの学習・教授経験や指導に対する考えや信念(ビリーフ)[24]にもよりますし、教える対象となる言語(この場合は英語)の教師自身の習熟度にもよるでしょう。また教職課程履修生が教育実習を行う際に、指導教員がほぼ英語で授業を行い、生徒がそれに慣れている様子を観察したとしてもそれは1つのケースに過ぎません。別のクラスや他の学校など、異なる文脈や学習者の集団、教室環境では同じやり方ではうまくいかないかもしれないからです。このように文脈や個々の教師の個性によって、現象の捉え方は異なるという前提の上でリフレクティブ・プラクティスが行われることを教職課程履修者はまず理解することが重要です。

2.2　リフレクションを促す方法

　このセクションでは教職課程履修者を対象に授業などで比較的導入しやすいリフレクションの方法を具体的に挙げて説明します。

2.2.1　グループ・ディスカッション

　教えることに関する概念やアプローチについて複数の参加者でディスカッションを行うことはリフレクションの1つの方法です。1人では理解が深まらなかったり1種類の解釈しか思いつかない場合にも、協働的にふり返りお互いの考えや情報、経験を共有し対話することで、新しい解釈やより深い理解が生まれます。たとえば教職課程の初期段階では「よい教師とは」「よい言語教師とは」「学習者としての経験のふり返り」などのテーマについて話し合い、その時点で自分のもっている教師としてのビリーフとその背景についてまず考えるとよいでしょう。さらに、教科に関する専門科目で学習した概念や知識、たとえば「英語で英語を教えるアプローチ」「小学校段階での英語教科導入」「学習者の誤りとフィードバックの仕方」などについてグループで話し合うと、自分の教え方や考え方をより深めることができるでしょう。また、模擬授業の後や教育実習の後などに自分の実践や経験について他の人と話し合うことも重要です。

　その一方で、グループで協働的にふり返りを行う際に考慮すべき点がいくつかあります。まず、自分のビリーフや実践とその意味を誰かに包み隠さず話すことに難しさや不安を感じて当たり前であるということです。たとえばAsaoka (2012) はグループ・ディスカッションの際に自分をふり返ってうまく説明できない教職課程履修者の例を挙げています。その学生は後のインタビューでグループメンバーからのピア・プレッシャーを感じうまく表現しづらかったことを理由の1つとして挙げました。この事例が示唆するように、同僚との協働作業にはプラスの側面もあればマイナスの側面もありえます。また第1章でも述べたように、リフレクションとは本質的に「経験の中における戸惑い」に端を発して始まるものであり、その戸惑いが解決方法を見出す際の推進力にもなりうるのです。そこで、ふり返りをグループで行う際

にはまずグループ内の信頼関係の構築に時間をかけて「戸惑い」をオープン
に話せる環境を作ることが大切であり、そのためにはグループ分けの際の組
み合わせやグループのサイズを考慮する必要もあるでしょう。グループ内の
信頼関係を構築するためにはふり返りの際のルールを決めるのも 1 つの方
法です。たとえば、コミュニケーションをとりやすい雰囲気を作るためにま
ずアイスブレイク活動[25]を行う、司会や記録係などの役割を決める、批判
的なフィードバックだけではなく肯定的なフィードバックも必ず行う、など
です。また、グループ・ディスカッションを始める前にモデルとして教師教
育者が自分の実践を実際にふり返って見せる、自分の考えや行動を説明する
前に考える時間を十分にとる、先に考えを記述をしてみる、などのやり方も
あります。

　最後に、リフレクションの際に用いる言語も考慮すべき点の 1 つです。
日本語を母語とする教職課程履修者が英語教師を目指している場合、リフレ
クションは日本語で行う、英語で行う、日本語と英語を混ぜて行う、など複
数のパターンが考えられ、それぞれメリットとデメリットがあります。たと
えば日本語で行った方が表現したいことを正確に表現できる一方、英語とい
う外国語で行うことで自己をより開示しやすいと感じるケースもあります。
リフレクションを実際に行う教職課程履修者と話し合って決めたり、彼らに
言語選択の決定権を委ねたりするとよいでしょう。

2.2.2　ジャーナルやリフレクティブ・エッセイ

　教師教育者の Loughran が "The use of journals can be a powerful tool for
reflection." (ジャーナル使用はリフレクションのための強力なツールとなり
える) (2002：8) と言っているように、自分の経験やビリーフ、そして実践
の記録とそれについての考えを文字化してまとめ表現し記述することは教師
にとって重要なリフレクションの方法です。書くことは話すことによって意
見を共有するよりも時間をかけて経験を解釈し考えを整理することができる
からです。たとえば教職課程における授業の課題としてのジャーナルやリフ
レクティブ・エッセイ、あるいは教職履修カルテ[26]への記録、教育実習中

の実習日誌への記録などの方法があります。文字にすることによって自分の考えがより明確になったり、自分に不足している資質や能力への「気づき」につながることもあります。またある程度まとまった考えをあらかじめ文字化しておくとグループ・ディスカッションの際に自信をもって自分の考えを述べられるようにもなります。日々教室での実践と向き合う現職教師と比較して、ふり返って記述するための教育実践の場が少ない教職課程履修者の場合は、過去に生徒としての視点から見ていた教師の教え方を新たに教師としての視点でふり返って記述したり、現職教師の実践を観察してそのふり返りを記述したりするのもよいでしょう。

　記述によってふり返りを促す場合、いくつか考慮すべき点があります。1つ目は、時間をかけて書くことによって考えを明確化するという作業はその場で言葉にするより心理的負担になることもある、ということです。そのため中には途中で書くことを放棄してしまうケースもあります。次に、記述に対するフィードバックがなければ書きっぱなしになり、授業の改善や変容につながりません。つまりジャーナルなどを授業の課題として課している教師教育者など他者によるフィードバックも重要となり、その場合は教職課程担当者の負担も大きくなるといえます。そのため記述によるリフレクティブ・プラクティスの場合は、その頻度や量を検討したり、フィードバックを必ずしも教師教育者ではなく同じ授業を履修しているピアが行うことも考慮してもよいでしょう。たとえば、Nagamine(2008)は教職課程履修者のビリーフと成長についてオンライン上でジャーナルを共有してお互いにコメントをする課題を出し、2週間おきにグループ・ディスカッションも行いました。その結果「教師と生徒のよい関係を構築する」ことは教師にとって重要な資質であるという共通認識をもつようになるなど、グループとしてのアイデンティティが生まれたことを報告しています。最後に、教職課程履修者の場合ジャーナルを書くにあたって何についてふり返って書けばよいかがわからないというケースが時々見受けられます。この場合も教師教育者がまず自分の経験や教育実践を実際にふり返ってジャーナルを書き、それをモデルとして提示したり、提出されたジャーナルを授業で取り上げてふり返っている内容

について話し合ってみたりするとよいでしょう。

　記述によるリフレクションを行う場合もグループ・ディスカッションの場合と同様に使用言語は考慮すべきもう 1 つの点です。前節で述べた点を考慮して決めるとよいでしょう。

2.2.3　授業実践と観察

　次に挙げるのは教科教育法などの授業で行われるマイクロティーチングや模擬授業などの授業実践（録画も含む）と観察によるリフレクションです。第 3 章でも述べたように、録画された実践を自ら見ることによって実践の詳細を思い出しその分析や解釈が容易になったり、無意識に行っていた行為や習慣の気づきや新たな解釈につなげたりすることができます。観察する対象となる実践はリフレクションを行う本人が授業者である場合だけではなく、本人以外の第三者の実践やその録画を観察する場合もあります。教室での授業実践の場がまだ少ない教職課程履修者の場合は、録画であったとしても他の人の授業実践をふり返ることはリフレクティブ・プラクティスのよい導入活動となるでしょう。

　もちろんリフレクションとは対象となる経験について語り記述することによって学ぶ過程ですから、すでに述べたグループ・ディスカッションやジャーナルなどの記述によるリフレクションと組み合わせて行うことも可能です。たとえば今井（2009）は観察した他の人の授業実践について協働で議論することを「3 人称的理解」から「1 人称的理解」への転換の機会であると述べ、他の人の授業実践（あるいは録画された授業実践）について教室で起きた複数の出来事を一連の流れとして協働でふり返ることにより、自分があるスキルやアプローチを用いて実際にその授業をやったかのように代理的経験をすることができると説明しています。

　授業観察を用いて教職課程履修者を対象にリフレクティブ・プラクティスを導入する場合も、考慮すべき点があります。一番重要なのは段階を追ってリフレクションを導入することです。人前で授業をすること自体にまだ慣れていない教職課程履修者にとっては段階を経ることによって観察の観点を明

らかにしやすいからです。たとえば1つの方法は「10〜15分程度の短い場面(新しいテーマや単元を導入する場面、新出単語を導入する場面、など)のふり返り」から徐々に「50分程度の授業全体のふり返り」へと段階を積み重ねることです。教職課程履修者にとって「この授業全体を通して見て(あるいはやってみて)どう思ったか」という漠然とした質問よりは、「この場面で言語活動の指示出しはうまくできていたか」「この活動において教師の英語と日本語の分量のバランスはどうだったか」などポイントを絞って具体的にふり返って話し合う方がやりやすいでしょう。

また「生徒の目線」から同じ授業実践について「教師としての目線」へと視点を移動させてふり返らせることも可能です。たとえば、授業者のある言語活動の指示出しについて生徒役の観察者は生徒の目線から「後ろに座っていると声が聞こえづらかった。」「指示がよくわからずどのように活動を始めればよいかわからなかった。」というような単なる印象的な描写や解釈をまずするかもしれません。その同じ体験を今度は教師としてふり返らせ、「指示が一回しかなかったので生徒にはうまく伝わっていなかった。生徒に理解したかどうか確認をすればよいと思う。」「指示出しの際同じ言い方をただ繰り返していたので、生徒の反応を見ながらもう少し易しい言い方に変えたほうがよいのではないか。」など視点を変えることによってその現象を捉え直し、新しい解釈や気づきが生まれ、その結果授業の改善につながるからです。

このように色々な手法を使って実践や経験の様々な側面にアプローチをし、意味を取り出す練習を協働的に重ねていくことによって、教職課程履修者もリフレクションという技術を育むことができます。

2.3　リフレクションの実践例

この節では教職課程履修者対象に教職課程の授業などで応用しやすいリフレクションのさらに具体的な実践例を3つ挙げ、その目的と方法を説明します。具体的なトピックや実施方法についてはそれぞれの文脈に合わせて適宜変更してもかまいません。

実践例 1　グループ・ディスカッション：「よい英語教師とは」

［グループサイズ］　3〜4 人

［時間］　30 分程度

［目的］　これまでの経験をふり返り、自分が目指したい英語教師像を考える。

［方法］　これまでの経験のなかで自分が出会った「よい教師」を 1 人思いだし、その人がなぜよい教師だと思ったかをグループに向かって 1 分で説明します。それぞれメンバーが説明し終わったら、「よい教師」に共通している項目を話し合います。次に、同様に自分が今まで出会った「よい英語教師」を 1 人思いだし、なぜその人がよい英語教師だと思ったかをグループに向かって 1 分で説明します。それぞれのメンバーが紹介し終わったら、「よい英語教師」に共通している項目を話し合います。それぞれのグループがまとめた共通項を板書などを通してクラス全体で共有し、「よい教師」「よい英語教師」の共通項とその違いを話し合いましょう。併せて自分がこれから課題とすべき資質や能力も話し合えるとさらによいでしょう。

　この活動は学期初めの授業でまず行い、時間をおいて学期末にもう一度行うと自分の成長の理解につながるでしょう。またグループでのディスカッションを行う授業の前にあらかじめ自分が考える「よい教師」「よい英語教師」についてジャーナルを書かせておいたり、話し合ったことに基づいて授業後に「よい教師」「よい英語教師」について今一度リフレクティブ・エッセイを書かせる課題などが考えられます。

実践例 2　現職教師の授業観察

［グループサイズ］　3〜4 人

［時間］　授業 1 回分の鑑賞に必要な時間とディスカッション 20 分

［目的］　よい授業を構成する要因について意識を高める。

［方法］　授業を観察する前に、指導案などを使ってその授業が行われた文脈（生徒、クラス、学校環境、その授業が行われた時期、前後の授業の内容、など）をまず確認します。また、その授業を観察する際に何に注目して観察

するかを決めます。たとえば、何がその授業の目的や評価の対象となっているか、教室英語はどのように使われているか、生徒の誤りはどのように訂正されているか、教師はどのような指示出しを行っているか、などです。授業観察中はワークシートなどを使用して気が付いたことを適宜記述しておきます。下記に授業の流れに注目した際のワークシートと、言語活動の指示出しに注目した際のワークシートの2種類を例として挙げます（表6、7）。また教師のプレゼンテーション上の非言語的特徴についても同時に記述しておきましょう。たとえば、目線、声の大きさ、明瞭さ、速さ、立ち位置、ジェスチャー、板書、生徒の反応、などです。授業観察後にワークシートを用いて気づいたこと、授業が成功した要因、うまくいかなかった要因、自分が取り入れたい点、改善点、などについてグループで話し合います。さらに、課題として自分ならどのように同じ授業を教えたいかについてリフレクティブ・エッセイを書かせるとよいでしょう。

表6　授業の流れに注目したワークシート

教師の活動	生徒の活動
週末やったことについて過去形を使って話をする。その後週末何をやったかについて尋ねる。	教師の質問に答える。わからない時は聞き返す。

表7　言語活動の指示出しに注目したワークシート

教師の指示	生徒の反応	教師の反応	非言語情報
Let's get into pairs.	指示が伝わらず動かない。	Two students together. Find your own partner. と複数回言い換える。	生徒に近づき2人の生徒を指す。

実践例3　模擬授業後のディスカッション

［グループサイズ］　4〜5人、あるいはクラス全体

［時間］　模擬授業1回分にかかる時間とグループ・ディスカッション20分

［目的］　他己評価を通して自分の実践をふり返って改善につなげる。

　［方法］　教科教育法などの授業において模擬授業をした直後に行います。最初に授業者が自らの実践をふり返って自由にコメントをし、その後授業を観察した人がフィードバックを行います。最初に授業者がコメントするのは、自分の授業実践について補足で説明したり、うまくいかなかった場面を自分でまず分析したりすることによって過度の批判的なコメントや突拍子もない意見を避けることができるからです。また、フィードバックをしてもらいたいポイントを先に伝えるなど授業者自身が主体的にディスカッションを導くこともできます。観察者は授業を受ける際に気づいたことをメモに取っておくとよいでしょう。また、フィードバックを口頭で行う時間がない場合は書いたものを後で授業者に渡したり、ディスカッション後にコメントとしてきちんと書き直すこともあります。さらに、お互いへのフィードバックに慣れるまでは評価の観点をしぼって話し合うとよいでしょう。上記の現職教師の授業観察の時と同様に、その授業の目的と評価の対象は明確か、教室英語はどのように使われているか、生徒の誤りにどのように対応しているか、指示出しは明確に伝わっているか、などの観点が考えられます。また目線、声の大きさ、明瞭さ、速さ、立ち位置、ジェスチャー、板書、など非言語的特徴についても一緒にふり返りましょう。

　模擬授業後のディスカッションは実践を自らふり返って授業を改善するための助けとなります。そのためにもディスカッション後には授業者は記述による自己評価を必ず行いましょう。授業後など、少し時間を置いてから書くとより客観的にふり返ることができます。また、自己評価のためのワークシートでは、よくできた点、改善を要する点の両面から記述をします（表 8）。

　学期を通して「模擬授業（具体的経験）→グループでのリフレクションや記述→自己評価（解釈・分析など抽象的概念化）→授業の理解・改善（新しい試み）」という Kolb（1983）の経験学習モデルに近い一連のプロセスを重ねることによって、教職課程履修者自身がリフレクションの内容の変化と教師としての自分の成長に気づくことが大切です。

表8　自己評価用ワークシート

名前	
授業日	
対象学年	
授業の目的	
実践前の練習回数	0回　　1-2回　　3-5回　　6回以上
うまくできた点	
改善を要する点	

2.4　教職課程履修者の「気づき」と教師の成長の次段階との連携

　教員養成段階では、教師に必要な能力や資質がまだ不足していたり、現職教師の授業を見て自分にできないことが多いことに気づいたり、模擬授業後のフィードバックで改善点を他の人から多く指摘されたりすることもあるでしょう。自分を厳しく評価しすぎる人は、このような場合落ち込んでしまい、自分は教師に向いていないと考えてしまうかもしれません。しかし、ふり返りとは過去の行為についての批判的な「反省」ではなく、自分自身の実践について理解を深め、より豊かな実践者へと成長するための建設的な行為であることを今一度確認するとよいでしょう。逆に、この段階で自分には教師に必要な能力や資質が十分にあると過信していたり、他の人からのフィー

ドバックでうまくできることを褒められる点が改善点よりも多かったと安心している人は、実は客観的に自分の実践や経験をふり返られていないのかもしれません。教員養成段階とはこれから始まる教師という長いキャリアのスタート地点です。この段階では、自分の今までの経験と実践をまずふり返って自分がどのような教師でありたいと思っているかを確認し、さらに、現時点で教師としてすでにできることとこれからの課題をしっかり把握しましょう。また、他の人と安心して自由にフィードバックを行えるなどリフレクションのための環境作りが教師の成長に必要であることと、教えることを学ぶこととは複雑で多元的なプロセスであることへの気づきが教師としての次の段階への重要な橋渡しとなるでしょう。

3.　現職教師のリフレクション　　　　　　　　　　渡辺敦子

　前節では教職課程履修者のリフレクションについて述べましたが、ここでは現職教師が教師としての成長のためにリフレクションに従事することについて述べます。この節の対象は現職教師ですので、大学院で授業を受ける現職教師、また現職教師が他の現職教師や研究者、教師教育者達とふり返りをする際に参考になるのではないかと思います。

3.1　リフレクティブ・プラクティスの導入に際して

　現職教師は豊富な実践、授業での経験を重ね、多様な文脈、状況に対する様々な対処法を自分の実践のレパートリーとして身に付けています。それゆえ、当面授業をする際に特に困ったことはないと感じている教師も多く、また困難な状況に直面しても豊富な経験、レパートリーゆえにその対処法を知っている教師も多いでしょう。さらに長い教授経験の中で、組織的、系統的なふり返りの経験の有無にかかわらずほとんどの教師が自分の得意なこと、不得手なことをわかっているでしょう。そして多くの場合、自分の教師認知、信念等も認識し、教師としてのアイデンティティも確立しているのではないでしょうか。レパートリーが豊富で、自分のことをある程度わかって

いる、また長年、自分という教師は自分の方法で教えてやってきたという実績から、リフレクティブ・プラクティスを通して教師としての自分を変える必要性を感じている教師は少ないかもしれません。

　豊富なレパートリーをもっている、自分のことをよくわかっている、またリフレクションの経験があるからこそ現職教師がリフレクティブ・プラクティスに従事する際にはより時間をかけたほうがよいと言われています。それは長い年月、自分の方法で教えてきたので現職教師の教師認知はより潜在的であり内在化されているからだと言えるでしょう。たとえば Day(1999：40)は「リフレクティブ・プラクティスを通しての自己との対峙は必ずしも気持ちのよいものではない」と述べましたが、自己との対峙に迫られた時に脆弱になったり、ふり返りという行為に馴染まずに苦しむ教師もいるでしょう。また、ふり返りに抵抗を示したり、ふり返りを試みてはいても心の鎧が厚い教師もいるでしょう。そのため内在化した教師認知をふり返ったり、逃げずに無理なく自己と対峙をする状態になるまでには時間が必要であり、またふり返りを協働的に行う他者との関係性が重要なのです。

　ここまでお読みになって現職教師のふり返りはかえって困難であるという印象をもたれた方もいるかもしれません。しかし時間的余裕を持ち、ふり返りを共にする他者との協働的関係性を肯定的に築くことができれば、豊富な経験ゆえ、現職教師は自己を客体化しやすいとも言えます。筆者が行った研究に参加していた数名の現職教師の内、ふり返りを通して「自分の中での矛盾」「自分が避けていること」「自分のルーティーン」「自分に都合の悪いことは振り返らない」などを気づいた点として挙げた教師がいました。また授業の中で英語を教えるだけではなく、将来社会の一員としてやっていくことができるように全人教育をすることが自分の使命であると思っていることに気が付いた教師もいました。さらに確立されている理論とは異なる見解をもっていることに気が付いたある教師はその理論に関連した内容について他の教師をインタビューすることを始めました。このように現職教師のリフレクションを通して、筆者自身も大変刺激を受け、彼らと一緒にふり返ることについて学ぶ稀有な機会であったことを覚えています。

3.2　リフレクションを促す方法

　この節では現職教師を対象に比較的導入しやすいリフレクションの方法を具体的に挙げて説明します。

3.2.1　グループ・ディスカッション

　教職課程履修者対象の時と同様に、現職教師にとってもグループ・ディスカッションは他者との対話を通したふり返りの場となります。他者の視点からふり返りを体験し、話し合い、または他者が言ったことからヒントや洞察力を得ることができます。

　現職教師がグループ・ディスカッションに参加する場合は、役割分担等はグループメンバーに任せてよいでしょう。ディスカッションのトピックを決めずに話を始める方法もありますが、グループ内で関係性が構築されていない場合や自分の授業など具体的に話をする対象を共有していない場合など、何から話し始めてよいかわからないことがあります。そのような場合は市販されている授業実践の DVD などを視聴し、視聴した授業における具体的な実践に対して話をすることから始めてもよいでしょう。

　グループ・ディスカッションの利点はいくつかありますが、まず他の学校に所属している教師と話ができる場の提供という側面があります。他の学校に所属している教師と対話する場合、教師という同じ職種における困難や事情をお互い熟知はしているけれど、直接的な利害関係がないため安心して話しやすい場として認識されることがあるようです。また、グループ・ディスカッションは自己再確認の場として捉えられることもあります。自分の職場では共有できない悩みを自分と同様の、もしくはより経験値の高い教師と共有し、そして認めてもらうことにより「社会的有効性(social validation)」(Roberts, 1998)を確認することができます。つまり現職教師は、他の同僚や教師に対してリフレクションにおけるメンターの役割をもつと言えるでしょう。このように現職教師にとってグループ・ディスカッションとは同僚の話を聞いたりアドバイスをすることによって教師としての自己に自信をつける場であったり自己再確認の場となります。

　教師という同じ職種を共有する個人が複数で対話することから、グループ・ディスカッションでは個人のもつ特性、特に個々の教師歴がそのグループにおける本人の立ち位置を決めることが大きいでしょう。グループが職場とは異なるメンバーから構成される場合、職場とは異なる関係性を生み出すことにこの活動の意味があります。しかしある教師の豊富な経験また立場性に他の教師が圧倒されてしまい、職場における関係性の複製だと感じてしまう教師もいるかもしれません。このような場合、リフレクティブ・プラクティスの指導的立場にある教師や研究者はグループ・ダイナミクス（集団力学）に気を配り、必要であればグループに参加しづらいと感じている教師に個人的に話をしてもよいのではないでしょうか。

3.2.2　ジャーナルやリフレクティブ・エッセイ

　ジャーナルをつけることにおいて教職課程履修者と現職教師の大きな違いは現職教師には記述すべきエピソードが日々の実践において豊富にあるということでしょう。そのため現職教師の場合「今週授業をした中で気になったこと、気が付いたことについてなんでもよいから書いてください」といった開放型のテーマからジャーナルを始めてもらいたくなるかもしれませんが、始めは教職課程履修者と同様にある程度テーマを絞ったほうがよいかもしれません。また、リフレクションにまだ慣れていない場合、言葉そのものの意味が「反省」と捉えられ、リフレクティブ・エッセイとは「反省文」であると誤解されてしまうことがあります。そのような場合にはジャーナルの内容が反省的、否定的になってしまったり、中には書くという行為の最中に過去の思い出したくないことや封印していたことを思い起こしてしまう教師もいます。本書で紹介しているリフレクティブ・プラクティスとはカウンセリングではなく教師の成長のための方法ですから、もし教師にとって心理的負担があまりにも大きくなってしまうのであれば書くことは避けたほうがよい場合もあるかもしれません。

　前節のディスカッション・グループの項目でも述べましたが、自分の授業実践をふり返ることに慣れていない場合、第三者の授業実践などの DVD 視

聴を通して気づいたことを記述することからふり返りを始めてもよいでしょう。ジャーナルを書くことに慣れてきたら、「今週の自分の授業をふり返って気になる点」などの広いトピックについて自由に記述をしてもらい、教師教育者や同僚がそれについて質問をする、次の記述では書き手はまた新たに「今週のふり返り」を書き、さらに質問に答えるというサイクルを続けていくのもよいでしょう。また記述する言語についても教職課程履修者と同様に日本語でも英語でも本人が希望する言語で書いてもらうのがよいでしょう。

3.2.3　インタビュー

　日々実践を行っている現職教師を対象としたリフレクションの場合、インタビューを通して教師に語ってもらうのも 1 つの手法です。インタビューとは話し手と聞き手が対話を織りなすものであり、その二者間特有の発展をします。教師として自己を確立している現職教師をインタビューする際には二者間の特有性はさらに強くなり、予期せぬ展開があるかもしれません。たとえば、第 4 章で著したインタビューの時間が 90 分になった教師は実践経験が豊富でした。その章で決まった形のインタビューはないと書きましたが、このように現職教師とのインタビューでは様々な形の発展が考えられます。その際に重要なのは、こうしなければいけないという方法論ではなく、目の前にいる話し手の教師としての成長を第一に考えていくことだと思います。

　以前、筆者が行った研究で現職教師を対象に「自分で自分のテーマを見つける」ことをジャーナルとインタビューを通して行ったことがありますが、これはふり返りの実践としてよい方法ではないかと思います。この研究では第 4 章で説明したジャーナルの項目で説明したようなジャーナルのやりとりを 6 ヵ月ほど続けました。最後にジャーナルのすべてのやりとりをまとめたものを後日参加者の教師に読んでもらい、自分がよく言及している関心等から自分にとってのテーマを選んでもらいました。またその 6 ヵ月の間に行った月 1 回のインタビューも、承諾を得たうえで文字起こしをし、後日読んでもらってその中からも自分のテーマを見つけてもらいました。この

ように自分が話したことや書いたことを数ヵ月後に自分で読むというのは言語化した過去の自分の考えを読むことであり、自分を客体化する機会の提供になると思います。

3.3 考慮すべき点

　現職教師はその豊富な実践経験ゆえ、リフレクションを促すために自分が取り組みやすい方法をよくわかっていることがあります。たとえばインタビューで話すのは好きだけれども、ジャーナルで自分の考えを書くのは苦手だとか、インタビューで1人で話すのは気にならないけれども、グループの中で話す時は少し緊張してしまうなど、リフレクションのそれぞれの方法について教師は様々な思いをもっていることでしょう。また異なる方法において異なった参加度合いや参加姿勢を見せることもあるでしょう。このようにふり返りには様々な方法やアプローチがありますので、現職教師を対象とした際にもインタビュー、ジャーナル、グループ・ディスカッションなど多様な方法を提供することが重要でしょう。

　現職教師の場合は困難な状況に直面した際にそれを避ける方法を知っていることもあります。リフレクションは教師としての成長のためであり無理に嫌なことに対峙してもらう必要はないでしょう。しかし安心して自分を見つめることのできる場を現職教師に提供することは重要です。そのためには現職教師と共にふり返りに挑む同僚、教師教育者または研究者にメンターの役割が必要となってくるでしょう。メンターとして話を聞き、引き出すこと、また教師が語りたいと思う関係性を構築することはとても大切なことだと言えます。

4．おわりに

　この章では教員養成段階にある学生と現職教師に分けて両者のふり返りについて記しました。教室での実践経験の少ない教員養成段階にある学生よりも経験の豊富な現職教師のほうがふり返りをすることに慣れており、深いふ

り返りを体験することができる(McIntyre, 1993；Roberts, 1998)という見解もありますが、教師歴が長いからといって必ずしもふり返りがうまく、教師の成長にうまく繋げることができるわけではありません。また新任教師だからといって必ずしもリフレクションがうまくできないわけでもありません。経験を自らふり返ってそこから意味を取り出すという行為は自己開示、自己との対峙を伴い、それに抵抗なく挑めるかどうかは個人の素質もありますし、教職というキャリアの中で、個人がふり返りをする際にどのような過程や環境、文脈にいるのかということも大きく関わっています。教えることを学ぶことは多元的で複雑な過程だと本章で書きましたが、このようにふり返りも同様にまた複雑で、かつスパイラル的に成長していく行為であるといえるでしょう。

引用文献

Asaoka, C. (2012) Initial Teacher Training in Japan: Trainees' Perspectives of Language Teacher Expertise Development. *Dokkyo University Studies in English* 70: pp.159–188.

Day, C. (1999) *Developing Teachers: The Challenges of Lifelong Learning*. London: Falmer Press.

Kolb, D. A. (1983) *Experiential Learning: Experience as the Source of Learning and Development*. Prentice Hall.

Lortie, D. C. (1975) *Schoolteacher*. Chicago: University of Chicago Press.

Loughran, J. J. (2002) *Developing Reflective Practice: Learning about Teaching and Learning through Modelling*. Routledge.

McIntyre, D. (1993) Theory, Theorizing and Reflection in Initial Teacher Education. In J. Calderhead and P. Gates (eds.) *Conceptualizing Reflection in Teacher Development*, pp.39–52. London: Falmer Press.

Nagamine, T. (2008) *Exploring Preservice Teachers' Beliefs*. Germany: VDM Verlag Dr. Muller.

Roberts, J. (1998) *Language Teacher Education*. London: Arnold.

秋田喜代美(1993)「教師の知識と思考に関する研究動向」『東京大学教育学部紀要』32: pp.221–232. 東京大学教育学部

今井裕之(2009)「授業を理解することへの2つの接近―授業者として観察者として―」

『リフレクティブな英語教育をめざして』吉田達弘・玉井健・横溝紳一郎・今井裕之・柳瀬陽介編、pp.233-263. ひつじ書房

文部科学省(2017)「小学校学習指導要領」 http://www.mext.go.jp/a_menu/shotou/new-cs/__icsFiles/afieldfile/2017/04/27/1384661_4_1.pdf　2017.4.1

文部科学省(2017)「中学校学習指導要領」 http://www.mext.go.jp/a_menu/shotou/new-cs/__icsFiles/afieldfile/2017/04/26/1384661_5_1.pdf　2017.4.1.

---

[22] 2017年3月告示の小学校・中学校学習指導要領参照。

[23] 中学校は平成29年3月、高等学校は平成21年3月公示版による。

[24] 秋田(1993)は授業は教師個人のもつ授業観、教科観など指導に対する考え、すなわち教師のビリーフに規定されると論じている。

[25] アイスブレイクとは一般的にその場にいる人の緊張をほぐし、コミュニケーションを取りやすい雰囲気を作り目的達成のためにそれぞれが積極的に関われるように働きかけることを指す

[26] 教職課程科目「教職実践演習」を4年次履修する際に必要となる履修記録。教職課程履修1年目から教員免許取得までの、個人の学習状況をきめ細かく把握するために学生自身が作成する。

第6章　リフレクションと
教師の成長

浅岡千利世　渡辺敦子　玉井健

1. はじめに

　本書はここまで様々な観点から実践研究法としてのリフレクティブ・プラクティスとリフレクションについて考えてきました。最後にこの章ではリフレクション実践やそれを用いた研究に関わってきた3人の実践研究者が、各自のリフレクション実践と研究についてふり返ります。自らが実践と研究をふり返り、分析を試み、自分の言葉で語ることによって、これからリフレクティブ・プラクティスに取り組もうとしている読者の皆さんにとって役に立つのではないでしょうか。

2. 教師教育者とリフレクティブ・プラクティス　　浅岡千利世

　リフレクティブ・プラクティスという手法について、私は最後に教師教育者のリフレクティブ・プラクティスにおける役割を考えてみたいと思います。教員養成プログラムにおいて教師志望者がどのような教師を目指すのか、そのアプローチや目標設定に大きな影響をもつのは教師教育者でしょう。現職教師を対象とした教員研修においても教師教育者がいわゆる「指導者」として関わることが多々あります。ここでいう「教師教育者」とは一般的には「専門性開発を支援する目的で、教師（を目指す者）を教えたりコーチ

ングしたりする」人と定義されています(Lunengerg et al., 2017)。つまり、教師教育者は教師あるいは教師志望者を「指導する」というよりは、むしろ彼らの自律的な学習や成長を支援するという役割を担っています。しかし、多くの場合、教師教育者自身が自律的に自らの成長に取り組んでいるかどうかは不明なことが多いように思われます。先に挙げた Lunengerg et al. (2017)も、教師教育者は教師教育に携わるようになった最初の数年は教師時代に得た専門性に依存するが、それだけでは「教師の教師」としての役割を果たせないことを徐々に認識するようになると言っています。

　教師は日々の教室での実践で多くの葛藤に直面しています。その葛藤を乗り越えるために授業実践をふり返るのですが、その際には自己に真摯に対峙して自己開示する必要があります。そのような彼らの葛藤の解決とふり返りを支援するために、教師教育者には十分な理論・知識と実践経験に基づいた「プロフェッショナルな判断(professional judgements)」(Heilbronn, 2008)が求められます。もちろん、その瞬間瞬間の判断は非常に困難であることは言うまでもありません。「教師の教師」である教師教育者の役割は非常に複雑なものであり、教師教育者が必ずしも最初からそのような資質や能力をもっているとは限らないですし、そのような資質や能力が必要であることに気づいていないことも多いのかもしれません。

　教師教育者は、多くの場合教師としての経験も重ねており、また自分の実践をふり返る経験もそれまでにもっていることでしょう。しかし、経験が豊富であるがゆえにすべてが内在化してしまい、いわゆる暗黙知となってしまっている場合があります。教師教育者が教師や教師志望者のモデルとなり彼らの成長を支援するためには、まず自らが自分の経験や教授法、またその基盤となっている教師としての信念や認識をふり返って可視化できなくてはなりません。教師にとってリフレクションが育むべき技術であるのなら、「教師の教師」の役割を果たすための資質や能力も自律的に育む必要があるのです。Russell(2018)もリフレクティブ・プラクティスが教師にとって意味があることならば、教師教育者にとっても意味があるべきだと言っています。このことを明確に認識している教師教育者は多くいるとは言えないで

しょう。

　Russell(2018)はまた、教師教育者は自身の実践研究(self-study)という手法を通して自分の学びについて考えるべきだとも述べています。そこで、教師教育者としての学びについての 1 つのケースとして、教師教育者としての自分の行動や発言のベースとなっている経験・認識・信条などを自らふり返ってみたいと思います。私は現在大学では英語を教える語学教師であると同時に、言語習得や言語学習に関する理論や知識を教えています。また教員養成課程で英語教師を目指している学生を指導する立場にあり、同時に現職教師研修の担当をすることもあります。英語教師になりたい学生を対象とした授業では第 5 章で述べたようなリフレクションを用いた活動を中心に行っています。たとえば自分の学習・教授歴をふり返って書くエッセイ、第 3 者の授業を視聴したり模擬授業を行ったりした後のグループ・ディスカッション、模擬授業をふり返ってのリフレクティブ・エッセイなどです。さらに教師教育の分野で教師の成長について研究を行っている研究者でもあります。特に教員志望者や現職教師を対象としてどのような要因が彼らの教師認知や教師としての成長に影響を与えるのかについて主に質的アプローチをとって研究を行っています。このような授業実践や研究手法を支える考えはどこから来ているのでしょうか。

　私のいわゆる reflective teacher としてのスタートはアメリカのある大学院で英語教育について研究し、大学付属の英語学校、いわゆる ESL(English as a second language)プログラムでティーチングアシスタント(TA)という肩書きで英語教師としてのスタートを切った時であるといえるでしょう。入学して 2 学期目、次学期に ESL での教育実習を控えていた私は、その前に留学生向け TA 研修プログラムを自主的に受けることにしました。日本の大学在学中に経験したたった 2 週間の教育実習だけでは心もとなかったからです。この TA 研修プログラムは元々英語母語話者ではない院生が TA として学部授業を担当する前に、授業指導力向上と英語力向上、また文化差などからくる認識の違いによる問題を克服するためのものです。私以外には理系の大学院生 3 名と担当するアメリカ人講師で構成されるグループで、週 1 回 10 週

間に亘るプログラムに参加しました。

　このプログラムでは与えられたテーマに沿って毎回 10 分程度のマイクロ
ティーチングを各自が行いました。それぞれの専門分野に関する授業で教え
ることが目標なので、たとえば「初回の授業でシラバスを説明する」という
授業場面がテーマとして与えられた場合は実際に使うであろうシラバスを用
いて模擬授業を行うことが求められました。マイクロティーチングは毎回録
画され、グループ・ディスカッションによるフィードバックと、録画ビデオ
を確認しながら講師と 1 対 1 でのフィードバックセッションが行われまし
た。

　このプログラムが私にとってリフレクションを意識して授業を行う最初の
経験となったことは言うまでもありません。毎回グループ・ディスカッショ
ンでは何を（what）、なぜ（why）、どのように（how）教えたかについて自分で
まず語ることが求められたため、次第に授業計画の段階からそのことをより
意識するようになりました。これは、指導教員から一方的なフィードバック
を受けることが多かった私の日本での教育実習生としての経験とは大きく異
なっていたと言えるでしょう。また自分で自分の授業をしている姿を見るこ
とは、最初はとても対峙が難しく思えましたが、徐々に自分をより客観的に
見ることができるようになり、より帰納的に教えるにはあの場面ではどのよ
うな質問をしたらよかったのか、この単語の辞書的意味は理解してもらえた
がもっと学習者に関連づけて理解をより深めるとしたらどのような情報を足
せばよかったのだろうか、など実践そのものをふり返って深く考えるように
なっていきました。それにはもちろん講師の先生の質問の引き出し方がうま
かったことは言うまでもありません。

　このプログラムに参加して気が付いたのは、教師にとって単にうまい教え
方のスキルを習得することが重要なのではなく、自分が何のためにどのよう
な行動をとっているか（たとえば、不安を隠すために洋服の袖を絶え間なく
触る、など）、どのような表現を選んで話しているか（たとえば、英語で言い
やすい OK を頻発する口癖がある、など）、自分の立ち位置はどこで、それ
がどのように生徒の目から見えるか（たとえば、教壇から離れることが出来

ないでいる、など)など、文脈や場面における自分の 1 つ 1 つの行動や発言の意味の解釈の大切さと、それが教師としてどのように学習者から見えているかという視点の変換の重要性です。講師の先生もよく「意味のない活動や行動、発話はないのです。」とよくおっしゃっておられたのを覚えています。また、ある状況や文脈における「なぜ」について考え、その結果得た解決策をどのように次の授業で生かすかを考える習慣も身につけたように思います。授業は一度やったら終わりなのではなく、その実践経験をふり返り、そこに意味や解釈を見出した上でその次の授業に向かう、というリフレクティブ・プラクティスの原点とも言える姿勢を幸いなことにこの時に叩き込まれたのです。またこれは 1 人だけでやっていたとしたらとても難しい過程であり、同じような立場にいるピア(他の院生)と一緒に共有したからこそ可能でしたし、ESL の教師でもあったプログラム講師のメンターとしての役割や支援もとても大きかったように思います。

　この内省的訓練は教育実習中、そしてその後実際に TA になってからも継続して行われました。たとえば、定期的に同僚による授業観察と評価がありましたが、その度に評価は一方的に与えられるのではなく、自ら説明をし、経験を一緒にふり返る場となっていたのです。それぞれの場面では自分や学習者がどのような気持ちでいて、またどのような目的をもって授業をしていたかを問われる、ということです。別の言い方をすれば授業をする側に経験を語る場が与えられ、またその語りは同僚によって引き出され、対話を通して 1 つ 1 つの教える行為や場面にどのような意味があったのかを協働して探る、という経験となったということです。そのプログラムにおける教師評価の目的は、どの教師が教えることが上手でそうでない教師は誰かという判断をするためではなく、あくまでもそれぞれの教師の成長のためであり、対話を通して教師が理解したり気づいたりし、それを今度は授業にできる限り反映することを重要視していたように思います。そのことがひいては学習者にとってもよい効果をもたらすからです。そしていみじくもこの流れは第 2 章で述べられている「リフレクティブ・プラクティスの 5 段階モデル」と似ていると言えるでしょう。

　このように私は英語教師として教歴を積み、その後現在は教員養成や教員研修も担当する立場になったのですが、教師教育者として以上のような経験はとても大きかったと思います。そして冒頭で述べたように、このような経験に裏打ちされて、たとえば自分の授業ではリフレクションを用いた活動を中心に行うようになったのだと思います。しかし、教師教育者となってからも色々な葛藤がありました。自分が当たり前と思っていたリフレクティブ・プラクティスが必ずしも日本の教師教育の現場では思っていたほどスムーズにいかない場面が多かったのです。私の場合、主に質的研究を通してそのような場合は認知的、社会的、専門的にも近い立場にあるニアピアの存在を重視する、段階を踏んで活動を行う、リフレクションのための活動や手法を複数種類行う、などの対応策が必要だと理解するようになりました（Yoshimoto Asaoka, 2015）。

　ここで教員養成段階に特に焦点を当てて教師教育者の役割について考えたいと思います。教師志望者にとって教員養成段階とは教師としての専門性を向上させ、教科や教職に関する専門科目に立ち戻って自分の教えるという行為から生じる葛藤の意味や解釈を試みることがとても重要な時期です。「なぜあの場面でこのような誤りの訂正の仕方をしたのか」という問いに対して教科指導上の理論や知識に立ち戻る場合もあれば、「教室の後ろで寝ていた生徒にどのような対応をすればよかったのか」という問いに対して生徒指導や学級運営上の理論や知識に立ち返る必要がある場合もあるでしょう。また外国語を教える場合、その対象言語を使って教えるため、教師自身が言語の習熟度そのものを向上させる必要があります。そのため授業実践をふり返る際には自分の語学力そのものをふり返る必要も生じます。

　一方、第5章でも述べたように、日本の現在の教員養成において教師志望者が実際に教室実践を経験できる場は多くの場合教育実習の短い期間に限られています。そのため、実際に葛藤を経験できる場が比較的少ないと言えます。そして自分の授業実践をふり返る機会が持てたとしても、その時の教室環境や指導教員との関係性にとらわれてしまったり、そこで見出した新たな解釈や意味を別の文脈において生かす機会が少なかったりもします。その

ため、教員養成段階からリフレクティブ・プラクティスに従事し、教師の専門性の成長を目指すことは、もちろん不可能ではありませんが困難が多いことが容易に推測されます。そして、だからこそ教員養成段階では（もちろん教員研修時もですが）、ピア（教員養成段階では同じ教師志望者）やメンター、そして教師教育者の役割がとても重要なのです。

　ピアは自分にはない経験や資質能力を持っていて、しかも到底真似できないような技術を持っているいわゆる「達人」よりは近い立場で経験の意味や新たな解釈を一緒に考えてくれる仲間です。前述したニアピアはこのことを指しています。もちろん自分にはない経験や資質能力だけではなく、共通する点も多くあることからいわゆるエンパシー（共感、感情移入）が生まれやすいとも言えるでしょう。また、メンターの果たす役割も重要です。私が TA プログラムで素晴らしいメンターに助けられたように、教師志望者や現職教師にはよいメンターが不可欠です。メンターとは教員養成や教員研修において教師の成長のプロセスを支援する役割を担う人を指します。Furlong and Maynard（1995：185）はその著書の中で「コーチング（coaching）」という表現を用い、メンターの役割を以下のように定義しています：

　　The experienced practitioner can help the student focus on particular dimensions of teaching, 'guiding their seeing', helping them to find a language and encouraging them to discuss and articulate what they know.
　　（熟練教師は‘教職課程履修者が見ることの支援をし’、表現するための言葉を見つける手助けをしたり、自分が知っていることを表現することを奨励したりしながら、教職課程履修者が教えることに関する特定分野に焦点を当てる手助けをすることができる。（筆者訳））

　ここで彼らが言っている 'guiding their seeing' とは、第 2 章の 5 段階モデルにおける「問い（inquiry）」を立てる際の支援と言えるでしょう。つまり、授業実践をふり返る際に問いを立てる必要がありますが、それを支援する役割をメンターは担っているということです。そしてその経験を記述したり表

現したり、表現したことを共有したりすることを手助けするという役割も担うべきなのです。

　このように、教師教育者は教師志望者や現職教師の教師としての成長のプロセスを支援するこのメンターとしての役割を果たすことが重要な仕事の1つであるべきでしょう。しかしそれにも関わらずメンターやコーチとしての役割は学校現場における指導者についての研究が多く、教師教育者のメンターやコーチとしての役割についての研究はほとんど存在しないと言ってよいでしょう。教師志望者や現職教師にリフレクティブ・プラクティスや自律的学習を促すためには教師教育者自身がメンターとして色々な葛藤を一緒に乗り越えるための知識と経験を持ち、ペダゴジーに関する理論を明確に示しながら自ら実践してみせる能力を持つ必要があると Lunengerg et al.（2017）は述べています。今後は、ピア同士のコーチング、熟練教師によるコーチングだけではなく、教師教育者によるコーチングの仕組みと役割についてしっかり研究をし、教師教育者自身がコーチングのスキルを向上させていく必要があると思います。

　教師教育者に欠けがちな「コーチング」という視点の他に、教員養成課程におけるもう1つの問題は、複数の教師教育者が関わり、それぞれが教師と同様に異なる認識や信念、経験を持っていて、それを元に指導するため、指導を受ける側に混乱が生じかねない、という点です。たとえば、私が行った教職課程履修者を対象とした教師の成長についての質的研究では私以外に3名の教師教育者が同じプログラムに関わっていたために、それぞれから聞き取りを行いました。そうすると、同じプログラムで同じように教員養成を担当している4人が、プログラムとしての達成目標を共有していながらも、それまでの教師としての経験や信条によってそれぞれ異なるアプローチをとっていることが明らかになりました。たとえば自分より教えるのが上手だと思う教師の授業や同じ授業を履修している他の学生の模擬授業をよく見てその技を盗むことが重要だと考えている教師教育者もいれば、教員養成の段階では自分で創造的に授業を作り出すべきだから第3者の授業やそのテクニックを見て盗めという指導は絶対しないと断言した教師教育者もいまし

た。つまりこれは模擬授業の後にリフレクションの時間を持ったとしても、その授業を担当する教師教育者によってフィードバックの仕方や内容が異なるかもしれないことを意味しています。このように、1つの経験のもつ意味を考えるときに様々な解釈がありえるように、同じ学習者を対象とした授業にも様々なアプローチがあり、そのことを教師教育者も理解をする必要があるでしょう。ましてや同じプログラムで教師教育に携わる者同士はやはりお互いの信条や経験について話し合い、お互いを理解しておく必要があるのではないでしょうか。

　リフレクションによって得られる新しい意味や解釈は何度もこの本の中で述べているように決して一通りではありません。その方法についても、口に出して語りたい人もいれば、文字にして記述するのが得意な人もいます。相手から話を聞き出したり、聞き出した話に意味を見出したりするのが好きな人もいれば、1人でじっくり考えたい人もいます。グループを構成するメンバーによってリフレクションの内容や方法が変わることもあれば、メンターや教師教育者などリフレクションを支援する人によって変わることもあります。これは教師として学び成長することとは、教師のコミュニティーの一員となるために他者と協働し、お互いから影響を受けながら変容そして成長していくプロセスだということを意味しています。

　教師教育者が「教師の教師」として、教師の専門性の発達と彼らのリフレクティブ・プラクティスの実践を促すためには、この節の最初に述べたように、まずは教師教育者自身が自分の実践をふり返って研究し、自分自身の学びと成長について考えるということが必要なのかもしれません。教師志望者や現職教員、あるいは同僚の教師教育者と対話し、解釈や理解のために一緒に考えることが自分の教師教育の実践にも生きてくるような気がします。「教師の教師」の役割を果たすための資質や能力も自律的に育む必要があります。教師の成長、そして教師教育者の成長とは、継続して成長する終わりのないプロセスなのですから。

3.　ふり返りと私　　　　　　　　　　　　　　渡辺敦子

　この章で私は自分の経験を通してリフレクションと成長について書きたいと思います。第1章で述べた通り、ふり返りの定義は曖昧であり、普段私達が行っている「思い返す」という行為と似ていることから、ふり返りを行っていることに自覚する、またそれを第2章で紹介したような5段階モデルでシステマティックに行うことを習慣にするには第4章で述べた通り、行ったり来たり試行錯誤を繰り返しながら主体的体験を相対化しうるということについて述べたいと思います。

　私は今まで自分が歩いてきた道をふり返り、「リフレクション」という言葉を知らない時から、「もやもやとしていることを自己への問いかけから理解する」ということに興味をもっていました。そして本書を書くことにより様々な節目で「リフレクション」の概念に触れてきたことに気が付きました。その節目を紹介し、リフレクションとは他の概念と分離した概念ではなく、成長における様々なアプローチと繋がり、関連していることを述べたいと思います。

　先ず1つの節目はアメリカの大学で心理学を学んでいた時です。在学当時はカウンセラーを志望しており、カール・ロジャース(Carl Rogers)が提唱した来談者中心療法(client-centered approach)に強く共感しました。来談者中心療法はその後、人間中心療法(person-centered approach)と言われるようになり、英語教育での学習者中心アプローチ(student-centered approach)の基となる概念です。来談者中心療法では患者(patient)という「どこかを患っている人」という否定的にもなりえる表現を使用せずにclient(来談者)という表現を使っていることがまず特徴的でしょう。そしてカウンセリングにおけるカウンセラーの役割は来談者に解決策を与えるのではなく、来談者が自己の問題に向き合い、自ら解決策を生み出すように導いていくことです。これは質的研究アプローチなどのインタビューにおける非指示的面接(non-directive interview)の基礎を成しています。

　心理学を勉強するのはとても楽しかったのですが、精神医学において来談

者（精神医学では来談者と呼ばなかったのではないかと思いますが）を精神障害の診断とマニュアル（Diagnostic and Statistical Manual of Mental Disorders, DSM）という診断表で目の前の顧客を既成の表に当てはめて症状を診断するということに違和感を感じ、またカウンセラーという職業のもつ責任を自分は担うことができるか疑問をもち、他の道を選ぶことにしました。

　次の節目は日本でコロンビア大学ティーチャーズカレッジの課程に入り、当時、同課程のディレクターであったジョン・ファンズロー氏の考えに触れたことです。私はアメリカで大学院に進学することを考えていたのですが家族は日本に帰ることを望んでおり、母が日本でコロンビア大学ティーチャーズカレッジが英語教授法の修士課程プログラムを始めるということを教えてくれました。アメリカで日本語を教える TA をした経験などから、教職を将来の選択肢の1つとして考えていた私は同課程に入りました。

　ジョン・ファンズロー氏の Breaking Rules の初めの頁、第1章の第1節 "You call yourself a teacher?" を読んだ時のことは印象的で今でも鮮明に覚えています。ファンズロー氏が教師教育者から教師教育について、模擬授業を観察しながら学んでいた時のエピソードが描かれています。模擬授業をする新任教師に対して教師教育者は椅子から立ち上がり "You call yourself a teacher? I'll show you how to teach." と叫んだのです。ファンズロー氏は本の中でこの体験が脳裏に強く残っていてその後、教授法の本や教科書ガイドを読んだり教えることに対しての話し合いの中でも、よい教え方とは何ぞやであるか知っていて "You call yourself a teacher!" と叫んだ教師教育者が透けて見えると書いています（Fanselow, 1985）。この考えから普遍的によい教え方はないということ、また教師は自分の中からその教師にとっての「よい教え方」を見出すことができることに思い至りました。

　そして次の節目は「自分で自分に尋ね問題を解決した」経験をしたことです。教師になって10数年経ったある学期、私はいつになくイライラしていて、授業もあまりうまくいかず、同僚ともなんとなくぎこちなさを感じていました。なぜ自分がそのように感じているのか考えてみようと思い、ある晩私はコンピュータの前に座り、自分への問いかけを言語化してみました。

What are you feeling? What does it mean? Why are you feeling that way? というような質問だったと思います。驚くべきことに 10 問くらいの質問でそのイライラは当時教鞭を取っていた大学でテニュアポストに応募していることが理由のひとつであることがわかりました。そんなに明らかな理由が自分がわからなかったことにも驚きましたが、自分自身に質問をするという大変気軽にシンプルにできることが気づきへと導いてくれたことに感激しました。この時の体験から「自分で自分に質問をして物事を明確に見ていく方法」が確立されていたら是非学びたいと思っていました。

　ある晩、インターネット上でこの方法はリフレクティブ・プラクティス（Reflective Practice）と呼ばれることがわかり、それからリフレクティブ・プラクティスについての文献を読み始めました。そして大学から 1 年間の研究休暇をもらった時に大学院でリフレクティブ・プラクティスを研究テーマとして学ぶことになりました。

　カウンセリングにおけるロジャースの考え方、教師教育におけるファンズローの考え方、自分で自分に問い答えを導き出す体験から私は、自分に問いかけ、自分の中から答えを導き出すリフレクティブ・プラクティスに興味を持っていたということがわかりました。リフレクティブ・プラクティスとは「研究」という名の下に実験室で行う方法ではなく、自己の体験に基づいた、日常的で実践的な行為です。それゆえ、皆さんも今までにふり返りを体験していてもそれに気が付いていないこともあるかと思います。自分のふり返りを教師としての成長に結びつけるためにはふり返りをしていることへの意識化、言語化が重要となってくると思います。

教師としての成長とは

　教師であるまたは教職を目指している読者の皆さんは普段授業をしながら「どうしたらもっとよい授業ができるのか」ということは常時考えているのではないかと思います。筆者もこの問いがいつも頭の中にあり、学生が「○○先生の授業がよい」というのを聞くと「どういうところがいいの」と尋ね、○○先生の教え方を試みてみようかとも思ったりします。しかし○○先

生の教え方が自分の教え方と似ている場合などあまり問題はないのかもしれませんが、大きく異なる場合、その方法を真似てみてもあまりうまくいかないように思います。それは○○先生がそのような教え方をするのは○○先生の今までのあらゆる体験、考え、方針、ビリーフにより培われているものであり、筆者が表層的に真似をしてもうまくいかないのではないかということです。

　教師の成長に関して次の 2 つの図をご覧になってください。読者の皆さんにとってはどちらが「教師の成長」をよりよく表現していると思いますか。A の図は、教えることに対してもやもやと悩んでいる現場の先生とキラキラ光るスーパーティーチャーがいて、もやもやと悩む先生はスーパーティーチャーのようになりたいと思っています。B の図ではキラキラ光るスーパーティーチャーはいません。ひとりの教師の周りに様々なグラデーションの曲線が広がっています。

　私は教師の成長を A の図のような「変化」ではなく B の図のような「広がり」として捉えています。B の図を幾つかに分けて私の捉える教師の成長を説明します（Watanabe, 2016）。

　成長が「広がり」であるということは、個人の成長の基盤は自己にある、自分が成長の起点なのです。自分が起点なのであれば成長のためには自分のことをよく知る必要があるでしょう。自分はどのような教師なのか。どのような教え方をしているのか。それを知ることが成長への第 1 ステップです。

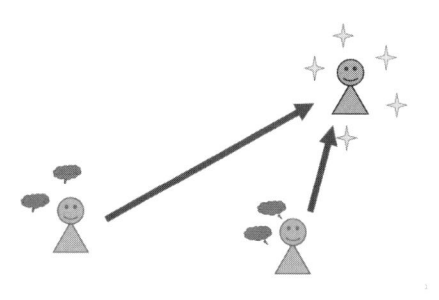

図 10　教師の成長 A

図 11　教師の成長 B

自分の教え方がわかると、自分とは異なる他の教え方が明確になってきます。Bの図の中の教師の周りの曲線は成長はAの図のような直線的ではなく、成長とはうまく行ったり、失敗したり、行ったり来たりを繰り返しながら広がっていくことを表しています。

　次に自らが方向を決めることが重要です。成長に向けて既成の到達モデルや決まった道のりはありません。個々の教師が何を改善したいか、どのようにしたいか自分で考え、何をゴールにするか自分で考えることが重要でしょう。

　そして成長とは全体的(holistic)なものです。例えば英文法の知識を付けることだけが英語の教師にとっての成長ではありません。学習者への効果的な質問の仕方を身につけたり、クラス運営の方法を学んだり、動機づけに関する理論を学んだり、自分が教える学習者のことをよく知るようになったり、教科書の内容をよりよく理解したり、リスニング力をつけたり、教師としての自己を理解したりと成長とは様々な部分から成ります。

　また成長とはゆるやかで長期的なものです。例えばあるセミナーに参加したり、ある本を読んだからといって急に成長を遂げるということはないでしょう。この絵の中の様々なグラデーションは様々な経験を表しています。様々な経験を通して異なるグラデーションが示しているように広がっていきます。広がるということは様々なレパートリーを身に付けることです。

　また絶対的によい教え方はありません。よい教え方というものはその教育機関、カリキュラム、コース、授業の目的、また目の前の学習者により異なります。それゆえ教師は異なった文脈で異なった学習者に教えることができるようになるために様々なレパートリーを身につけることが重要です。このようにして教師は自分を基盤にしてどんどん広がっていくことが成長だと筆者は捉えています。

　成長を「広がり」として説明しました。しかし様々なレパートリーまた様々な視点を得ることは教師を自由に軽くします。竹之内(2016)は異なった考えに触れたときに個人は自己の凝り固まった考えから自由になり「軽くなる」と述べています。ふり返りを通して、自己を客体化し、他者とのやり

取りにより新しい視点、異なった視点から教えることを見直し、レパートリーを広げ、そして自分のルーティーン、思い込みから解放され、軽くなっていくことが成長なのではないかと思います。

4. 授業研究とリフレクション：私の歩んできた路　　玉井健

　長く議論をしてきました。最後に私自身の歩んできたリフレクションについての学びのお話をしたいと思います。

　私自身にとってのリフレクティブ・プラクティスは何かと問われれば、それは学習方法であり、指導法であり、研究方法であり、Way of living だということになります。ずいぶんな風呂敷を広げる奴だと思われるかもしれませんが、そうとしか言いようがなく、それは最初に書きましたように、恐らくは Dewey や Schön などの先駆者に始まる reflective practitioner 達の共有する感覚ではないかと思います（勝手な推測なのですが）。これはリフレクションが実践者にとってだけではなく、人間にとって本質的な営みであるということと繋がります。

　実践者にとってのリフレクティブ・プラクティスは、方法論的に言うと「リフレクションを用いて授業経験を分析する授業研究法」とも言えます。この「授業」を「学習」に置き換えると、学習者にとってのリフレクティブ・プラクティス・プラクティスは「リフレクションを用いて学習経験を分析する学習研究法」となります。リフレクティブ・プラクティスは我々の日々の授業実践だけでなく、学習者が自らの学習経験から学びを育てる方法としても使えるということです。指導（teaching）と学習（learning）とは表裏一体の経験であると考えれば、これは極めて自然な結論と言えます。そしてリフレクションは、指導経験や学習経験、あえて言えばそうした分類以前のあらゆる生活世界における経験を、他者によるのではなく自身によって吟味分析し意味を取り出し学びとしていくための方法であると考えれば、これは人間としての生き方を支える本質的な営為であるということになります。それは他者による数値的な成績評価の対象となったりするものではありませ

ん。リフレクションは人間主義に裏打ちされた本質的にそれぞれの個人に属する存在論的レベルの営みだからです。

　この点について、最後に私自身のリフレクティブ・プラクティスと英語教師としての学びの歴史をお話してみたいと思います。私自身のリフレクション学習の道のりは本当に山あり谷あり崖ありで、今もってふうふう言いながら道なき道を探しつつ切り拓きつつ歩いている感じです。何より、当初は自分が実践していることが何なのか説明する言葉さえ持たず、あちこち彷徨い始めて、「ああこれはリフレクティブ・プラクティスだったんだ」と言えるようになるのに 20 年かかっていました。ずいぶん気の長い話ですが、1 つの言葉を求めて何年も格闘していたわけです。ふり返ればそのプロセスは大きくは 3 つの段階に分かれます。

リフレクション実践と研究の旅路

　1978 年に公立高校の英語教師になった私は自分の指導技術と外国語教育についての知識の無さからくる焦燥感に苛まれていました。36 歳の時に、神戸市の姉妹都市であるシアトルへの交換教師として派遣されることになった機会を利用して、バーモント州にある SIT という大学院で TESOL を学ぶことにしました。派遣教員としての 10 ヵ月を挟んだ二夏を院での勉強に充てるわけです。ここは全米の大学院の中でも人間主義的な教育観に基づいた外国語教育を標榜していることで知られていて、今思えばカリキュラムはとても実験的な大学院でした。SIT の教育観の背景にあったのは教育哲学者のジョン・デューイであり、人間中心主義のカール・ロジャース、サイレント・ウェイ（The Silent Way）のカレブ・ガテーニョ、そして CLL（Community Language Learning）のチャールズ・カランでした。この 4 人の思想から見えてくるのは、経験主義、人間主義、学習者中心主義です。

　入学の初日、キャンパスのたった 1 つの講堂（50 人も入れば一杯になる）の黒板の右端に短い一文が白墨で書いてありました。それは "You are your own best resource." と読めました。この文が何を意味するのか、私はさっぱり分かっていなかったのですが、随分後になってカール・ロジャースの言

葉だと知りました。それは学習における資源としての経験の意味(経験主義学習)と、学びは学習者の営みであって教師はその支援者に過ぎないのだという人間主義思想を言い表した言葉でした。You を学習者に置き換えてみると、学ぶのは学習者であり、個々の学習者が生きる経験こそが学びの資源であるというものです。これから大学院で外国語教育を学ぼうとする我々に、「君自身が最大の学びの資源なのだ」と黙して語っていたわけです。

　大学院のすべての授業は経験主義的に学びが行われるようにデザインされており、学びは学生がリフレクションのプロセスの中で深めてゆく方法が取られていました。それがどういう教育方法なのかは誰も明示的に語ってはいませんでしたが、それが学びの資源としての経験と経験から意味を取り出して学びとしていく方法としてのリフレクションとの出会いであったと思っています。次の関門は実習でした。この実習のペーパーワークで私は経験の記述、意味の取り出し、その理論化を学ぶことになりました。

　1 年目の学習が終わると teaching practicum と呼ばれる教育実習を 10 ヵ月かけて行います。私は、アメリカでの日本語教育は実習として認められないということで 2 年目が終わっての実習となりました。観察実習期間は 2 週間でアメリカから先生が来て勤務先の高校に張りついて指導と振り返りが毎日行われます。また 10 ヵ月の間に 5 本のペーパーが課されて 5 つの異なるテーマについて約 10 ページの論文を書きます。当時学内で最も厳しいと言われていたホーキンソン先生が第二言語習得の最後の講義後、"Ken, I'm gonna be your supervisor." と私を名指しした時、級友の間から同情のどよめきが起こったのを覚えています。前年彼女が指導した 5 人の学生のうち 3 人しか進級が認められなかったからです。案の定私は 3 本目のペーパーで引っかかってしまいました。テーマは「appropriateness(適切さ)」で、これを自身の実践を通して自分で定義して論じるわけです。適切さと言われてもあまりに曖昧でとっかかりが見つからないのです。アドバイスを求めても"You define." とにべもありません。「あなたは何を見ているの、ちっともわかってない。」と言わんばかりのコメントとともに、やり直し(redo)を 2 回くらってしまいました。私はいよいよ分からなくなり、困り果ててクラス

メートたちにファックス（当時は）で助けを請いました。彼らはすぐさま過去の自分たちのペーパーを送ってくれましたが、そこから見えてきたのは、授業中のいかなる事象にも意味があり、それをテーマというレンズから視るということでした。それまでの私はよい実践を報告しようと「ティーチングは〜ねばならない」と書くことに終始して、あるべき姿に囚われていたのです。因果的な効果や結果を追うのではなく、事象の説明をし、その背景的な意味を学習者との関係において、あるいは彼らの視点で考え始めた瞬間でした。product から process への視点の転換です。

　私はある生徒の沈黙を記述し考察を加えて教材の適切さ、生徒に対する理解の適切さ、生徒の教室外の学びに対する自身の理解の適切さ等を議論して appropriateness の持つ概念の多面性を議論して送りました。10 ページにはるかに及ばない 5 ページのペーパーでしたが、"Short, but impressive!" とファックスが返ってきて、後 2 本のペーパーは何事もなかったように通りました。日本で 5 本目のペーパーを受け取って読んだ後、普段厳しい先生の顔には満面の笑みが広がっていました。リフレクションを用いて実践経験から理論を取り出すことの意味や楽しさを学べたのは、ホーキンソン先生の厳しい指導のお陰かもしれません。

　私のリフレクティブ・プラクティスとの邂逅の第二段階は、勤務先である大学で TESOL のカリキュラム作りに関わることとなり、そこでリフレクティブ・プラクティスを用いた授業分析の授業を提案し、それを担当することになったことです。日本の他の大学に例も無く、リフレクティブ・プラクティスという用語さえほとんど知る人もない中で手探りで方法論や教材を準備していきました。そしてまさにこの過程で私自身の学びは大いに膨らみましたし、リフレクティブ・プラクティスとは何かを客観的に考えることになりました。また、同時にリフレクション技術をコースワークの中で教えることの難しさに直面することにもなりました。ある年、講義にはきちんと出席しペーパーも全部出してはいるけれどリフレクションがどういうものかは結局理解できていないと思われた学生がいました。彼女はまだ若くこれからの教師人生を考えると、自分の指導力のなさを恨みつつも、もう一度履修して

もらいたいと思いました。もちろん再履修をしたからと言って分かるように
なるとは限りません。彼女と面談をして私なりの現状判断を説明し、どうし
たいか尋ねましたら、やり直したいという返事でした。こちらも覚悟を決め
ました。果して 2 年目の彼女のジャーナル・ワークは興味深いものでした。
やり直しているからこそでしょう、共に書いているジャーナル・ワーク 1
年目の他の学生たちの記述の深みのなさが実感として手に取るようにわかっ
たようでした。例えば "I think today's class went well. My students looked
happy." のような記述では、生徒は一塊の対象でしかなく、学習者視点での
授業のリアリティは伝わってこないのです。彼女は個としての生徒に注意を
向ける意味を理解し、生徒の立場からの記述ができるようになり、分析はど
んどん深くなっていきました。修士論文もリフレクティブ・プラクティスと
自己の成長をテーマに立派な論文を書いて修了されました。

　リフレクション技術の指導には少なくとも 2 つの難しさから離れられま
せん。1 つは自己開示への抵抗です。リフレクションは自己を開くことを求
めます。ティーチングをふり返るには生徒にとっての自身のティーチングは
どのようなものであったのかを考え、また、生徒に相対する自身にとって自
身のティーチングはどのような経験であったのかを考えます。様々な視点か
ら観察しつつ、自身の判断や決断はどのような根拠でなされていたのかを自
身の実存的なレベルで検討するわけで、感情的な側面の記述も必要になりま
す。リフレクティブ・プラクティスの実践とはそのように内面に深く切り込
んでいく不断の作業であり、プライドの高いベテランと言われる教師ほど抵
抗感を経験することになります。

　2 つ目の難しさは、リフレクションは他律的に教えられないということで
す。私はリフレクション技術を教師教育に応用するために「英語教育指導分
析」という授業を企画しましたが、私は教授者でありつつ、リフレクション
を直接教えることはできないのです。教師が自身の実践をリフレクティブ・
プラクティスの枠組みで捉え分析し、自身の成長につなげていくというのが
この授業の目的であるということは、本人が自身でその気づきに至らない限
り私はその準備をし、理解のプロセスを支援することしかできないのです。

リフレクティブ・プラクティス指導や実践が広まらないのは、こうした指導のむずかしさにも原因があると思います。

　一方で、変な言い方ですがこの困難な授業こそが実践者としての私自身の研鑽の場となったということは間違いありません。学びに繋がる支援とは何かを常に問い続けながら授業をしつつ、一方で学生たちが経験という池の中で遊びつつ自らのティーチングを分析する術を体得していく瞬間をじっと待つ。そうした一見矛盾しているかに見える営みが実践者としての私の挑戦しているところであり、また授業の本質的な姿なのですから。

　最後は授業研究方法としてのリフレクティブ・プラクティスの同定です。これまで実践方法として応用はされてきたけれどもそれを授業研究にどのように使いうるのかは余り議論されてきませんでした。時あたかも様々な質的研究法が応用言語学や教師教育においても関心を集め始め、私自身もコミュニケーション学、社会言語学、社会心理学、文化人類学、看護学、精神医療等様々な分野の研究方法を渉猟していく中で、広義の人間科学の中で現象学の果たす役割に着目するようになりました。

　要素還元主義的実証科学では教室での複雑な事象を捉えることができないし、教室での事象をより包括的に人間的に説明する理論を求めた先に在ったものが現象学的な捉え方でした。それは学習者や教師を存在論的な視点に戻して考えることを要求します。学習者にとって、教師にとって、どのようにティーチングが経験されているか、という視点です。実践に対する現象学的アプローチの応用は世界的にもまだ歴史が浅いわけですが、間違いなくこの視点はこれから応用と理論化の範囲を広げてゆくことと思います。実践者、授業実践研究者としては、できるだけ具体的にリフレクティブ・プラクティスの理論づけを行いたいと願いますが、まだまだ私自身の理解も十分には程遠いのが現状です。しかしこれまで30年近くリフレクションを用いた実践に関わってきた者として、せめてこれまでの授業研究方法との違いが伝わり、新たな実践手段、新たな授業分析手法としての可能性が本書を通して共有できればと思い筆をとった次第です。

　以上が私のリフレクションに関わるこれまでの道中記です。これからの旅

がどうなるかは分かりませんが、またどこかで旅の報告ができる機会もあるでしょう。そして、願わくは皆さんの旅のお話が聞ければと思います。本書が皆さん 1 人 1 人の実践家としての旅物語が紡がれるきっかけになれば、それこそは我々が願うことであります。

引用文献

Fanselow, J. F. (1985) *Breaking Rules: Generating and Exploring Alternatives in Language Teaching*. New York: Longman.

Furlong, J. and T. Maynard. (1995) *Mentoring Student Teachers: The Growth of Professional Knowledge*. London and New York: Routledge.

Heilbronn, R. (2008) *Teacher Education and the Development of Practical Judgement*. UK: Continuum.

Lunenberg, M., Dengerink, J. and F. Korthagen. (2014) *The Professional Teacher Educator: Roles, Behaviour, and Professional Development of Teacher Educators*. Rotterdam: Sense Publishers. (ミーケ・ルーネンベルグ、ユリエン・デンヘリンク、& フレット・コルトハーヘン　武田信子・山辺恵理子監訳(2017)『専門職としての教師教育者：教師を育てるひとの役割、行動と成長』玉川大学出版部)

Russell, T. (2018) A Teacher Educator's Lessons Learned from Reflective Practice. *European Journal of Teacher Education* 41 (1): pp.4–14.

Watanabe, A. (2016) Reflective Practice as Professional Development: Experiences of Teachers of English in Japan. Bristol: Multilingual Matters.

Yoshimoto Asaoka, C. (2015) Mitigating the Disparity between Theory and Practice: EFL Student Teachers' Perspectives and Experiences of their Professional Development. PhD thesis. University College London.

竹之内葉子(2016) *Go Global, Kanto Gakuin Mutsuura Newsletter*, 7: p.2.

あとがき

渡辺敦子

リフレクティブ・プラクティスとは

　本書を読み終わり、皆さんはリフレクティブ・プラクティスについてどのような印象を持っているでしょうか。第2章でも述べた通り、リフレクティブ・プラクティスの概念は曖昧で、またその定義は多様でさらにリフレクティブ・プラクティスをわかりづらくしていると言われています。そしてそれがリフレクティブ・プラクティスのひとつの欠点であるとも言われています。本書でリフレクションの概念、その実践方法や実践例などを読み、リフレクティブ・プラクティスに対するイメージが少しでも明確になったことを望んでおります。

　本書を読み、リフレクティブ・プラクティスに興味をもち、リフレクティブ・プラクティスに関する文献を読み始めようと思っている方も多いのではないかと思います。その際、様々な定義、考え方に出会うことになります。ここで、本書のまとめも兼ねて、リフレクティブ・プラクティスにおけるいくつかの見解について少し触れたいと思います。

リフレクションはレベル化できるか？

　リフレクティブ・プラクティスの定義は多様化していますが、リフレク

ションのレベル、つまりどういう段階でふり返りをしていくかという認識にはある程度の共通認識があるようです。その原点となっているのが 1977 年に van Manen が著した論文です。彼はふり返りを technical（技術的）、reflectivity（ふり返ること）、reflexivity[27]（再帰的にふり返ること）と 3 段階に分けて説明しました。Technical では教師のふり返りの対象は「経済的、効率的、効果的」(p.226)な教え方を目指すことと言われています。しかしこのレベルでのふり返りには限界があるとされ、教師のふり返りは次のレベル、reflectivity へと移行すべきだとされます。ここで教師は自己の文化、認識、偏見に対してふり返りをします。しかしこのレベルのふり返りもやはり限界があるとされ、政治的、倫理的な志向から自己の実践をふり返り、個人に施される教育における支配、制度、権威についての問いかけがなされる reflexivity が最後の段階のふり返りとして紹介されています。

　van Manen のモデルに倣い、その後、様々な学者がふり返りの段階について考えを発表していますが、多くの場合、3 段階から構成され、最後の段階を critical reflection としています。

　はじめのふり返りの段階は教えるという自分の行為、例えば宿題を出すとか、質問をするとか、学習者を監督するなどに対してのふり返り（Zeichner and Liston, 1996）と説明されています。McIntyre(1993)はこのレベルを technical level と呼び、教師の関心事は授業の中で提示された目的を達成することにあると言います。Jay and Johnson(2002)は "description" と呼び「授業の中で気になっていること、気が付いた偏見、興味深い理論または感情の記述」だと述べています。Farrell は(2015)"descriptive" と称し、教師は自分に対して "What do I do?" "How do I do it?" という問いをする段階だと言います。

　ふり返りの第 2 段階は第 1 段階でふり返った自分の行為をビリーフや思い込みに照らし合わせて考える段階です。Zeichner and Liston(1996)は教師が教室における自分の行為の理由を考える段階だと言います。McIntyre(1993)は第 2 段階を "practical level" と呼び、自己の行動がどのように思い込み、自分の持つ傾向、価値観と関連しているかを理解する段階だと述べ

ています。Jay and Johnson(2002)は第2段階目を"comparative reflection"と称し、個人が1つの出来事を様々な視点から見る場だと説明します。Farrell(2015)はこの段階を"conceptual reflection"と呼び、個人が自己の実践の裏にある理由を探究し"Why do I do it?"という問いをする段階だと述べています。

　上記で紹介した全てのフレームワークで第3段階としてクリティカル・リフレクション(critical reflection)を挙げています。クリティカル・リフレクションはパウロ・フレイレ(Paolo Freire)の「抑圧された教育学」(1970)で述べている抑圧された者の変革のためには抑圧されている者が抑圧されているということをふり返りにより気が付き、行動を起こすことだという考えに影響を受けています(Smyth, 1989；Van Manen, 1977)。クリティカル・リフレクションは自分の実践を自分が埋没している社会政治的、歴史的文脈から見ることを提唱します。

　上記の3つのリフレクションの段階はふり返りのガイドラインとして何に対してふり返りをすればよいかという分かりやすい説明を提示してはいるように思います。しかしクリティカル・リフレクションがふり返りの最終目的であり、高尚なふり返りであり、またふり返りにレベル、ヒエラルキーがあるような印象を与えているのではないかと感じてしまいます。

　「よいふり返り」とか「悪いふり返り」という言葉を耳にすることがありますが、どのようなふり返りもそれはふり返りのプロセスの一部であり、1個人も様々な状況において様々な段階のふり返りを往還することがリフレクティブ・プラクティスではないかと思います。また、まえがきで述べた通り、リフレクションはプロダクトではなくプロセスに関わることで、ふり返りに到達点はないのではないでしょうか。

ふり返りの目的は？

　本書でふり返りをシステマティックな過程と定義し、問い(inquiry)、記述(description)、フィードバック(feedback)、解釈/分析(interpretation/

analysis）というプロセスから説明しました。リフレクティブ・プラクティス
の文献にはコルブ（Kolb）の経験学習モデルを基にした様々なふり返りのプ
ロセスが提唱されています。最近、日本の教育現場で頻繁に言及されている
PDCA サイクルについてここで少し触れたいと思います。

　PDCA サイクルは Plan（計画する）Do（行う）Check（確認する）Act（行動す
る）の 4 段階から構成されています。このサイクルは企業における効果的な
品質管理の方法としてデミング（Deming）が 1950 年に日本科学技術連盟で
行った講義で発表したものが日本で改良されたものです。PDCA サイクルで
気になる点は Check が何を包含しているかということです。PDCA サイク
ルにおける C は商品の売り上げにより顧客が満足していることを表してい
るかを示しています。

　本書で紹介したふり返りの過程で解釈/分析（interpretation/analysis）とい
う段階は個人が自分の経験を分析、解釈して意味付けをする段階です。自己
の経験の分析、解釈なくして、次の実践（Act）に移ることは自己の経験を理
解していない、意味付けをしていないことになります。教えることにおいて
困難に直面した際に、その困難を理解、解釈せずに表面的に手を変え品を変
えて授業をする。それは一時的な問題解決であり、教師としての成長には結
びつかないのではないでしょうか。リフレクションのプロセスで重要なのは
分析、理解、意味付けの段階により自分の経験、実践を俯瞰的に見ることで
す。

　第 2 章でリフレクティブ・プラクティスの 1 つの問題点として定義の多
様性を挙げました。リフレクティブ・プラクティスとは複雑な概念であり、
考えれば考えるほどそれを定義するのが容易くないように思います。しかし
それゆえに、発展性があり興味深い概念、実践方法なのだと思います。

　読者の皆さんは「これぞリフレクティブ・プラクティス！」という定義に
遭遇したり、自分で定義づけができることになるかもしれません。しかし、
それでも、リフレクティブ・プラクティスの理解、解釈は変化をし続け、そ
れと共に、リフレクションが何であるかの定義は発展、変貌を遂げていくで
しょう。リフレクションの定義が多様なのはリフレクティブ・プラクティス

の発展における弱点だと言われていますが、私達は皆、ふり返りの解釈、理解において異なった段階におり、また何を成長とするかという考えも異なるためにリフレクティブ・プラクティスの定義が多様であるのは自然なことなのではないかと思います。

　本書で読者の皆さんにリフレクティブ・プラクティスを通して自己の経験、実践を理解する機会、そして学び続けるひとつのアプローチを提供することが少しでもできたことを強く願っております。

引用文献

Deming, W. E. (1950) *Elementary principles of the statistical control of quality*, JUSE.

Farrell, T. S. C. (2015) *Promoting teacher reflection in second language education: A framework for TESOL professionals*. Routledge: New York.

Freire, P. (1970) *Pedagogy of the oppressed*. New York: Continuum.

Habermas, J. (1973) *Theory and practice*. London: Heinemann.

Jay, J. K., & Johnson, K. L. (2002) Capturing complexity: A typology of reflective practice for teacher education. *Teaching and Teacher Education*, 18, 73–85.

McIntyre, D. (1993) Theory, theorizing and reflection in initial teacher education. In J. Calderhead and P. Gates (eds) *Conceptualizing reflection in teacher development* (pp.39–52). London: The Falmer Press.

Moen, R., & Norman, C. Evolution of the PDCA cycle. http://pkpinc.com/files/NA01MoenNormanFullpaper.pdf. Accessed March 30 2018.

Smyth, J. (1989) Developing and sustaining critical reflection in teacher education. *Journal of Teacher Education*, 40 (2), 2–9.

van Manen, M. (1977) Linking ways of knowing with ways of being practical. *Curriculum Inquiry*, 6, 205–228.

Zeichner, K. M., & Liston, D. P. (1996) *Reflective teaching: An introduction*. Mahwah, New Jersey: Lawrence Erlbaum Associates.

---

[27] ここでの reflexivity は第 4 章で紹介した researchers' reflexivity とは少し意味合いが異なります。Researchers' reflexivity は研究者が自分の立場性を認識しながら自分をふり返ることですが、van Manen の reflexivity は自己の置かれた社会文化的、政治的文脈における教育を批判的に見ることを指しています。

索引

【著者紹介】

玉井健 (たまい　けん)

神戸大学大学院総合人間科学研究科博士課程修了 博士(学術)
神戸市外国語大学大学院英語教育学専攻 教授
［主要著作］
・"Use of epistemological lenses on the ambiguity of reflective practice: What is it to reflect on experience?", in K. Tamai, Ian Nakamura and Jo Trelfa (Eds.)(2015) *Current Issues and New Thoughts on Reflective Practice*, Kobe City University of Foreign Studies.
・「リフレクティブ・プラクティス—教師の教師による教師のための授業研究」吉田達弘・玉井健・横溝紳一郎・今井裕之・柳瀬陽介編『リフレクティブな英語教育をめざして』(2009) ひつじ書房
・「リフレクティブ・プラクティスと教師の成長」『英語教育』2010 年 3 月号、Vol. 57、大修館書店

渡辺敦子 (わたなべ　あつこ)

Institute of Education, University of London, PhD (教育学)
文教大学文学部 准教授
［主要著作］
・*Reflective Practice as Professional Development: Experiences of Teachers of English in Japan* (2016) Multilingual Matters.
・"Journal writing as a space for reflection: the concept of *kotodama*", in Roger Barnard, Jonathon Ryan (Eds.)(2017) *Reflective Practice: Voices from the Field*, Routledge.
・"Critical inquiry into critical reflection: Situated in the Japanese context"『JACET 言語教師認知研究会研究集録』(2016)

浅岡千利世 (あさおか　ちとせ)

University College London, Institute of Education, PhD (教育学)
獨協大学外国語学部 教授
［主要著作］
・*Early Professional Development in EFL Teaching: Perspectives and Experiences from Japan* (2019) Multilingual Matters.
・「英語教育課程」「授業実践」JACET 教育問題研究会編『行動志向の英語科教育の基礎と実践—教師は成長する』(2017)三修社
・「新任教員の教師認知」笹島茂・西野孝子・江原美明・長嶺寿宣編『言語教師認知の動向』(2014)開拓社

リフレクティブ・プラクティス入門

Introduction to Reflective Practice

Tamai Ken, Watanabe Atsuko, Asaoka Chitose

発行	2019 年 3 月 15 日　初版 1 刷
定価	2200 円＋税
著者	©玉井健・渡辺敦子・浅岡千利世
発行者	松本功
装丁者	上田真未
印刷・製本所	三美印刷株式会社
発行所	株式会社 ひつじ書房

〒 112-0011 東京都文京区千石 2-1-2 大和ビル 2 階
Tel.03-5319-4916　Fax.03-5319-4917
郵便振替 00120-8-142852
toiawase@hituzi.co.jp　http://www.hituzi.co.jp/

ISBN978-4-89476-962-5

[刊行書籍のご案内]

リフレクティブな英語教育をめざして　教師の語りが拓く授業研究

吉田達弘・玉井健・横溝紳一郎・今井裕之・柳瀬陽介編　　定価 2,600 円＋税

英語教師が成長するとはどういうことだろう。大学で習った教育方法を実行する。学説で聞いたことがある
心理(言語)学の理論の枠組みで現実を理解する──はたしてそんなに単純なことだろうか。現実の英語教師
は、複雑な状況に投げ込まれ、現実を直視することもできずに、もがき苦しむ。その中で、次第に自分を見
つめ直し、問題の整理を始める。その際に、共感的に理解できる第三者は大きな役割を果たす。本書はそう
いったダイナミックな英語教師の成長を描く。